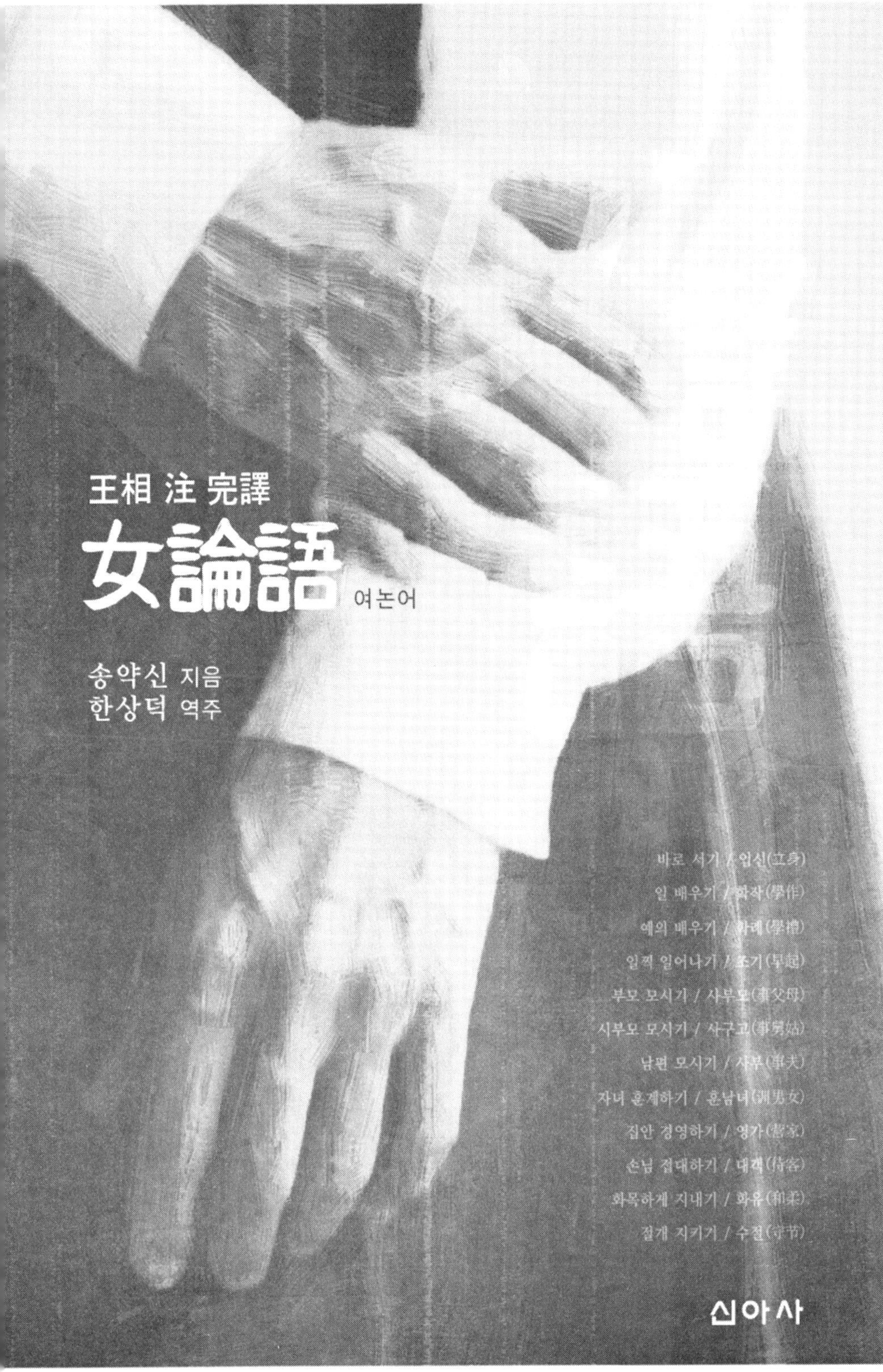

王相 注 完譯

女論語 여논어

송약신 지음
한상덕 역주

신아사

머리말

수천 수백 년 전의 현실과는 판이하게 달라져버린 새로운 세상에서, 진부하기 이를 데 없는 과거의 봉건적 잔재들을 다시 반추해 보는 이유는 과거에 대한 점검과 반성을 통한 새로운 가치기준을 정립하는데 도움이 될 수 있기 때문입니다. 이는 어떤 분야 어떤 대상에서나 비슷한 맥락으로 이해를 해도 무리는 없을 것입니다. 오늘 소개하게 되는 이 책 역시 비슷한 경우라 할 수 있습니다.

주지하다시피 만인은 인격적인 면에서 평등합니다. 물론 남녀 간에 역할의 차이는 있을 수가 있겠지만, 인권과 자유에서 차별을 당하는 일은 없어야 할 것입니다. 하지만 과거, 중국 역사를 살펴보면 오랜 세월동안 봉건통치의 틀 속에서 여성들은 예교라는 미명 하에 인권은 유린당하고 자유는 크게 제한을 받아왔음을 우리는 잘 알고 있습니다. 그런 역사의 흔적을 중국의 각종 규훈서(閨訓書) 등에서 쉽게 찾아볼 수가 있습니다. 그 중, 중국 당대(唐代) 때 편찬되었던 ≪여논어(女論語)≫를 그 대표적인 예로 들 수 있습니다.

≪여논어≫의 편찬이 필요했던 당시에는, 남권(男權) 중심의 제도 속에서 남존여비(男尊女卑) 사상은 지극히 당연한 것으로 인식이 되었었고, 또 부당한 인격적 차별 대우를 받아오던 여성 자신들마저도 그와 같

은 현상을 여성의 미덕으로 수용해 왔기 때문에 여성의 삼종사덕(三從四德)을 강조한 각종 여성 전문 교훈서들이 나올 수 있었습니다. 과거 시대에서는 상황논리에서 이해되고 수용될 수 있었던 풍습이었다고 할지라도, 오늘날에 와서는 새로운 시각에서 이를 분석 검토하여 인간의 행복권이 침해당하는 일이 없도록 하는데 타산지석으로 삼아야 할 것입니다.

본 ≪여논어≫는 고대 중국 여성들의 올바른 생활 규범을 교육시키기 위해 명말(明末)의 왕상(王相)이 엮은 ≪여사서(女四書)≫ 속의 한 권으로, 조선시대 때부터 우리나라 여성들에게도 교과서로 활용되었던 책입니다. 따라서 이 책은 그동안 우리나라 여성교육에 적지 않은 영향을 미쳐왔고, 학계에서도 이를 소개하고 연구하는데 적지 않은 성과를 내놓기도 하였습니다.

그러나 ≪여논어≫를 포함한 ≪여계(女誡)≫ · ≪내훈(內訓)≫ · ≪여범첩록(女範捷錄)≫ 등 ≪여사서≫의 원문은 그동안 우리말로 번역 출판이 되어 소개된 바 있지만, 왕상의 주(注)까지 완벽하게 번역되어 나온 역서(譯書)는 아직 찾아볼 수가 없었습니다. 따라서 필자는 ≪여사서≫를 연구하거나 또 참고하고자 하는 독자에게 왕상의 주까지 완역된 책이 제공된다면 좀 더 도움이 될 수 있을 것이라 판단되어 그 첫 작업으로 본 역서를 내놓게 되었습니다.

그동안 필자는 중국의 전통적인 자녀교육에 관한 여러 동몽서(童蒙書)를 번역하고 연구하는데 많은 관심을 기울여 왔고, 또 앞으로도 연관된 작업을 계속하고자 합니다. 다만 능력의 한계로 인한 부족한 점과 잘못된 점에 대해서는 제현들의 따뜻한 지도편달을 부탁드립니다.

끝으로, 출판사 운영에는 경제적으로 도움이 되지 않을 듯한 본 역서를 출판문화의 저변 확대를 위한 차원에서 흔쾌히 출판을 허락해 주신 신아사 사장님과 한규갑 상무님, 그리고 관계자 여러분께도 깊은 감사를 드립니다.

2011년 12월 1일

한상덕 삼가 올림

차 례

해설

≪여논어(女論語)≫는 고대 중국 여성들을 교육시키기 위해 편찬된 규훈서(閨訓書)의 일종이다. 이는 당대(唐代) 여학사(女學士)였던 송약신(宋若莘)이 유학경전 ≪논어(論語)≫를 모방하여 지은 책이다. 그러나 원래 송약신이 10장으로 편찬했다는 책은 현재 전해지지 않고, 현전하는 12장의 ≪여논어≫는 저자의 동생인 송약소(宋若昭)가 언니의 책에 자신이 설명을 붙임과 동시에 두 장의 내용을 보충시켜 만든 "보충본"이다.

≪여논어≫는 당대(唐代) 이후 줄곧 여성교육용 도서로 많이 활용되어 오다가, 특히 청대에 와서 크게 주목을 받게 되었는데, 이는 왕상(王相)의 역할이 컸다. 왕상은 역대 중국 규훈서(閨訓書) 중 대표적인 네 권의 책, 즉 ≪여계(女誡)≫[1] · ≪여논어(女論語)≫ · ≪내훈(內訓)≫[2] · ≪여

1) ≪여계(女誡)≫는 동한(東漢) 때의 여성 역사학자인 반소(班昭)가 자신의 딸을 위해 쓴 중국 최초의 여성 교육서다. 총 1,600자로 된 이 책은 유가 정통 사상의 입장에서 여성의 윤리를 체계화한 것으로, 그 내용은 〈비약(卑弱)〉·〈부부(父婦)〉·〈경순(敬順)〉·〈부행(婦行)〉·〈전심(專心)〉·〈곡종(曲從)〉·〈숙매(叔妹)〉편으로 구성되어 있다.

2) ≪내훈(內訓)≫은 명(明) 성조(成祖)의 서황후(徐皇后)가 영락(永樂) 2년(1404)에 궁중의 부녀들을 교육시키기 위해 쓴 책이다. 전통적으로 내려오던 ≪여계(女誡)≫ 등 여러 규훈서들이 너무 간단하다고 판단되어 특별히 선인들이 여성들에게 가르침을 주었던 전훈(典訓) 등을 취합하여 이론적인 면에서 부도(婦道)의 내용을 좀 더 많이 천양(闡揚)하고자 하였다. 그 내용은 덕성(德性)·수신(修身)·신언(愼言)·근행(謹行)·근려(勤勵)·절검(節儉)·경계(警戒)·적선(積善)·천선(遷善)·숭성훈(崇聖訓)·경현범(景賢範)·사부모(事父母)·사군(事君)·사구고(事舅姑)·봉제사(奉祭祀)·모의(母儀)·목친(睦親)·자유(慈幼)·체하(逮下)·대외척(待外戚) 등 총 20장으로 되어 있다.

범첩록(女範捷錄)≫[3]을 한 권으로 묶어 ≪여사서(女四書)≫라 명명하고, 이를 통해 여성의 덕성교육이 널리 전파될 수 있도록 하였다. 왕상은 이 ≪여사서≫를 편집할 때, 각 권마다 책 내용 중간 중간에 자세한 주(注)를 붙여 다소 문화수준이 낮은 여성이라 할지라도 쉽게 이해가 될 수 있도록 함으로써 규훈서가 널리 보급되는데 일조를 하였다.

≪여논어≫의 본문은 총 2,000여 글자의 비교적 짧은 내용으로 되어 있지만, 주로 현부(賢婦)·효부(孝婦)·정부(貞婦)·자모(慈母)가 될 수 있도록 강조한 내용들을 주로 하고 있다. 왕상이 주를 붙인 ≪여논어≫는 내용상 세 부분으로 구성이 되어 있다.

즉, 책의 맨 첫머리는 왕상이 쓴 〈당서열전(唐書列傳)〉이 수록되어 있는데, 이는 ≪여논어≫를 지은 작자에 대한 전기(傳記)라 할 수 있다. 여기서 왕상은 원작자인 송약신에 대한 소개보다는, 뒤에 원작을 쉽게 풀이하고 설명을 가한 송약화에 대한 소개를 주로 다루고 있다. 그 다음은 ≪여논어서전(女論語序傳)≫으로, 이는 송약신이 ≪여논어≫를 짓게 된 목적과 그 의의를 밝히고 있다. 이어서 세 번째로는 ≪여논어≫의 중심 내용이 되는 본문 12장이 전개되는데, 전체적으로 볼 때 고대 여성들의 언행에 대한 규범과 가정을 돌보는 방법, 그리고 여러 상황에서의 처세 방법 등이 언급되고 있다.

---

3) ≪여범첩록(女範捷錄)≫은 명말(明末) 유학자 왕상(王相)의 모친 유씨(劉氏)가 지은 책이다. 이 책은 총론(總論)·후덕(後德)·모의(母儀)·효행(孝行)·정렬(貞烈)·충의(忠義)·자애(慈愛)·병례(秉禮)·지혜(智慧)·근검(勤儉)·재덕(才德) 등 총 11편으로 구성되어 있다. 내용은 주로 고대의 정부(貞婦)·열녀(烈女)와 현모양처의 사적 등을 칭송하고 있다.

≪여논어≫의 작자인 송약신과 그의 자매들에 대한 기록은 ≪구당서(舊唐書)≫(52권)와 ≪신당서(新唐書)≫(77권)의 각각 〈후비전(后妃傳)〉에 비교적 자세하게 기록이 되어 있는데 이를 차례대로 살펴보면 다음과 같다.

먼저 ≪구당서≫의 〈후비전(后妃傳)≫ 중, "여학사상궁송씨(女學士尙宮宋氏)"에 대한 내용이다.

> "여학사(女學士)요 상궁(尙宮)이었던 송씨(宋氏)는 이름이 약소(若昭)로 패주(貝州) 청양(淸陽) 사람이다. 부친은 정분(庭芬)으로, 그 집안은 대대로 유학을 해오던 가문이었는데, 정분(庭芬) 때에 와서 문학적인 재능으로 시와 문장을 잘 지어 이름이 있었다. 딸 다섯을 낳았는데, 모두가 총명하고 지혜로워 정분은 경학으로 교육을 시작하였고, 그리고 난 후에는 시와 부(賦)를 짓는 것을 가르쳤다. 성인이 되기 전에 모두 다 글을 잘 지을 수 있게 되었다. 장녀는 약신(若莘)이었고, 그 아래로는 약소(若昭) · 약륜(若倫) · 약헌(若憲) · 약순(若荀)이었다. 약신과 약소의 글이 특히 담아하면서 청려하였고, 성정도 정숙하고 얌전하였으며, 화려한 장식도 좋아하지 않았다. 일찍이 부모에게 밝히기를 다른 사람에게 시집을 가지 않고, 재예와 학식으로 이름을 날려 부모님을 영광스럽게 하겠다고 맹세하였다. 약신은 네 동생들에게 글을 가르치고 인도하면서 마치 엄격한 스승처럼 하였다. ≪여논어(女論語)≫ 10편을 지었는데, 그 내용은 ≪논어(論語)≫를 모방한 것으로, 위령(韋逞)의 모친인 선문군(宣文君) 송씨(宋氏)를 중니(仲尼)로 대신하고, 조태고(曹大家) 등을 안연(顔淵)과 민손(閔損)으로

대신하여, 책 속의 문답 내용은 모두 부도(婦道)가 숭상되는 그런 내용으로 하였다. 약소가 풀이를 하였는데 모두가 이치에 합당하였다. 정원(貞元) 4년에 소의(昭義)의 절도사 이포진(李抱眞)이 표(表)를 올려 추천을 하였다. 덕종(德宗)이 이들을 궁 안으로 불러들여 시(詩)와 부(賦)로 시험을 해보고 경사(經史) 중의 대의를 겸하여 물어본 뒤, 크게 칭찬을 하며 감탄하였다. 덕종(德宗)은 시를 잘 지었는데, 시신(侍臣)들과 화창을 할 때는, 또 약신 자매들도 응하여 시를 짓도록 하였다. 매번 시를 지어 황제에게 바칠 때마다 훌륭하다고 칭찬을 하지 않은 적이 없었다. 그들의 절개가 일반 사람들과는 다르다는 점을 높이 평가하여 궁첩(宮妾)으로 대우하지 않고 학사선생(學士先生)이라고 불렀다. 정분(庭芬)은 가세(家勢)를 크게 부흥시키고 요주사마(饒州司馬)와 습예관내교(習藝館內敎) 관직을 맡게 되었는데, 황제는 그에게 집을 한 채 하사하고 봉전(俸錢)을 내려 주었다.

원화(元和) 말에 약신이 세상을 떠나자, 하내군군(河內郡君)으로 추증(追贈)하였다. 정원(貞元) 7년 이후부터, 궁중에서 장부를 기록하는 일을 약신이 관장해 왔었는데, 목종(穆宗)은 다시 약소에게 이 일을 대신 관장하게 하고, 그에게 상궁(尙宮)의 직분을 제수(除授)하였다. 동생들 중에서 약소가 가장 인사(人事)에 통달하여 헌종(憲宗) · 목종(穆宗) · 경종(敬宗) 세 황제가 다 그들을 선생(先生)이라고 불렀고, 육궁(六宮)의 빈원(嬪媛)이나 제왕(諸王) · 공주(公主) · 부마(駙馬)들은 모두 그녀를 스승으로 모시고 그녀를 공경하였다. 양국부인(梁國夫人)으로 책봉(冊封)이 되었다. 보력(寶曆) 초에 세상을 떠났는데, 막 장례를 치르고자 할 때, 조서가 내려지고 의장(儀仗)이

제공되었다. 경종(敬宗)은 다시 약헌에게 궁중의 기록을 대신 맡도록 하였다. 문종(文宗)은 글을 좋아하였는데, 약헌이 글을 잘 짓고, 논의와 대답을 잘 하자 특히 그를 귀하게 대하였다.

대화(大和) 연간에 신책중위(神策中尉)였던 왕수징(王守澄)이 권력을 쥐고, 익성(翼城)의 의인(醫人)이었던 정주(鄭注)와 적신(賊臣)인 이훈(李訓)을 신용(信用)하여 정권을 탈취하고자 하였다. 이훈(李訓)과 정주(鄭注)는 재상(宰相) 이종민(李宗閔)과 이덕유(李德裕)를 미워하여 이종민(李宗閔)이 간사하다고 모함하여, 그가 이부시랑(吏部侍郎)을 맡고 있을 때, 부마도위(駙馬都尉)였던 심의(沈義)를 시켜서 약헌에게 뇌물을 주어, 재상의 자리를 부탁하였다고 하였다. 문종(文宗)은 이에 노하여 이종민(李宗閔)을 조주(潮州)의 사호(司戶)로 폄적(貶謫) 시키고, 심의(沈義)는 유주(柳州)의 사마(司馬)로 폄적시키고, 약헌은 별가에 수감을 시켰다가 사약을 내렸다. 약헌의 동생 · 조카 · 딸 · 사위 등 열 세 사람이 연좌되어 모두 영표(嶺表)로 유배를 당하였다. 이훈(李訓)의 진상이 드러난 후, 문종(文宗)은 그것이 모함이었음을 알고 나서 그 재능을 대단히 애석하게 생각하였다. 약륜과 약순은 일찍 죽었다."[4)]

---

4) 女學士、尙宮宋氏者, 名若昭, 貝州淸陽人. 父庭芬, 世爲儒學, 至庭芬有詞藻. 生五女, 皆總惠, 庭芬始敎以經藝, 既而課爲詩賦, 年未及笄, 皆能屬文. 長曰若莘, 次曰若昭、若倫、若憲、若荀. 若莘、若昭文尤淡麗, 性復貞素閑雅, 不尙紛華之飾. 嘗白父母, 誓不從人, 願以藝學揚名顯親. 若莘敎誨四妹, 有如嚴師. 著≪女論語≫十篇, 其言模仿≪論語≫, 以韋逞母宣文君宋氏代仲尼, 以曹大家等代顔、閔, 其間問答, 悉以婦道所尙. 若昭注解, 皆有理致. 貞元四年, 昭義節度使李抱眞表薦以聞. 德宗俱召入宮, 試以詩賦, 兼問經史中大義, 深加賞嘆. 德宗能詩, 與侍臣唱和相屬, 亦令若莘姊妹應制. 每進御, 無不稱善. 嘉其節概不群, 不以宮妾遇之, 呼爲學士先生. 庭芬

다음은 ≪신당서≫에 실린 내용이다. 내용이 ≪구당서≫와 거의 비슷하지만, 자료제공 차원에서 중복되는 내용도 그대로 옮겨보도록 한다.

"상궁(尙宮) 송약소(宋若昭)는 패주(貝州) 청양(淸陽) 사람으로, 대대로 이름난 유학자 집안 사람이다. 아버지 정분(廷芬)은 문장에 아주 뛰어났고, 딸 다섯을 낳았는데 모두가 영민하고 지혜로웠으며 문학에 뛰어났다. 장녀는 약신(若莘)이고, 그 다음은 차례로 약소(若昭) · 약륜(若倫) · 약헌(若憲) · 약순(若荀)이었다. 약신과 약소가 글을 가장 잘 하였다. 모두 성품이 소박하고 품행이 발랐으며, 향기를 뿌리고 광택을 내고 아름답게 화장을 하는 것을 천하게 여겼다. 다른 사람에게 시집가는 것을 원하지 않고, 학문으로써 이름을 날리고자 하였다. 집안에서도 역시 가난한 동네의 평범한 사람과 혼인하는 것을 원하지 않고 그들이 공부를 하도록 맡겨두었다. 약신은 여동생들에게 엄한 스승처럼 공부를 가르쳤고, ≪여논어(女論語)≫ 10편을

起家受饒州司馬, 習藝館內, 敕賜第一區, 給俸料.

元和末, 若莘卒, 贈河內郡君. 自貞元七年已後, 宮中記注簿籍, 若莘掌其事. 穆宗復令若昭代司其職, 拜尙宮. 姊妹中, 若昭尤通曉人事, 自憲、穆、敬三帝, 皆呼爲先生, 六宮嬪媛、諸王、公主、駙馬皆師之, 爲之致敬. 進封梁國夫人. 寶曆初卒, 將葬, 詔所司供鹵簿. 敬宗復令若憲代司宮籍. 文宗好文, 以若憲善屬文, 能論議奏對, 尤重之.

大和中, 神策中尉王守澄用事, 委信翼城醫人鄭注、賊臣李訓, 干竊時權. 訓、注惡宰相李宗閔、李德裕, 構宗閔憸邪, 爲吏部侍郎時, 令駙馬都尉沈𫍯通賂於若憲, 求爲宰相. 文宗怒, 貶宗閔爲潮州司戶, 𫍯柳州司馬, 幽若憲於外第, 賜死. 若憲弟侄女婿等連坐者十三人, 皆流嶺表. 李訓敗, 文宗悟其誣構, 深惜其才. 若倫、若荀早卒.

썼다. 이 책은 대체적으로 ≪논어(論語)≫책을 기준으로 삼아, 위(韋) 선문군(宣文君)을 공자(孔子)로 대신하고, 조태고(曹大家) 등을 안연(顔淵)과 염민(冉閔)으로 대신하여, 부도(婦道)의 마땅한 바를 밝혔다. 약소가 이에 다시 주석을 붙여 상세하게 설명을 붙였다.

정원(貞元) 연간에, 소의(昭義)의 절도사 이포진(李抱眞)이 그 재능을 황제에게 표(表)로 올려 알리자, 덕종(德宗)이 궁궐로 불러 들여 문장을 시험해 보고 아울러 경사(經史)의 대의(大誼)도 물어보았다. 황제도 그의 훌륭함에 감탄하여 그녀들을 모두 궁중에 머물게 하였다. 황제는 시를 잘 지었기 때문에 매번 신하들과 화창을 할 때, 다섯 자매들도 모두 자리를 함께 하여 글을 바쳤고, 이에 칭찬을 받지 않은 적이 없었다. 또 그 높은 지조가 고상하였으므로, 궁녀로 대하는 것이 부당하여 학사(學士)라고 불렀다. 그들 아버지를 요주(饒州)의 사마(司馬)와 습예관내교(習藝館內敎)로 발탁하고, 집을 한 채 하사함과 동시에 양식과 비단을 내려주었다.

원화(元和) 말에 약신이 죽자, 하내군군(河內郡君)으로 추증(追贈)하였다. 정원(貞元) 7년부터 궁중의 장부에 기록하는 일을 약신이 총괄하도록 조서를 내렸으며, 목종(穆宗)은 약소가 특히 인사(人事)에 능통하다고 여겨 상궁(尙宮) 직분을 제수(除授)하고, 약신이 맡았던 일을 이어받도록 하였다. 헌종(憲宗) · 목종(穆宗) · 경종(敬宗) 세 황제들 모두 그녀를 선생(先生)이라 불렀고, 후비(后妃)들과 제왕(諸王) · 공주(公主)들도 스승의 예절로 그녀를 대하였다. 보력(寶曆) 초에 세상을 떠남에 양국부인(梁國夫人)으로 추증(追贈)하고, 의장(儀仗)으로 장례를 치렀다.

약헌이 비서의 역을 대신하였는데, 문종(文宗)은 문학을 숭상하였기 때문에, 또 약헌이 문장을 잘 짓고 의론(議論)에 뛰어났기 때문에 특별히 그녀를 예우하였다. 대화(大和) 연간에 이훈(李訓)과 정주(鄭注)가 권력을 장악하고자 재상(宰相) 이종민(李宗閔)을 미워하여, 그가 부마도위(駙馬都尉)인 심의(沈義)를 통해 약헌에게 뇌물을 바쳐 정권을 장악하려고 했다는 참언을 하였다. 황제는 노하여 약헌을 별택에 구금을 시켰다가 사약을 내렸으며, 그 가족들은 영남(嶺南)으로 유배를 보냈다. 이훈(李訓)과 정주(鄭注)가 패멸(敗滅)된 후에 황제는 그것이 참언이었음을 알고 뒤늦게 원통하게 생각하였다.

약륜과 약순은 일찍 죽었다. 정분의 아들만이 어리석어 교육을 시킬 수가 없어 평민으로 평생을 살았다."[5)]

---

5) 尙宮宋若昭, 貝州淸陽人, 世以儒聞. 父廷芬, 能辭章, 生五女, 皆警慧, 善屬文. 長若莘, 次若昭、若倫、若憲、若荀. 莘、昭文尤高. 皆性素潔, 鄙薰澤靚妝, 不願歸人, 欲以學名家, 家亦不欲與寒鄕凡裔爲姻對, 聽其學. 若莘誨諸妹如嚴師, 著≪女論語≫十篇, 大抵準≪論語≫, 以韋宣文君代孔子, 曹大家等爲顔、冉, 推明婦道所宜. 若昭又爲傳申釋之.

貞元中, 昭義節度使李抱眞表其才, 德宗召入禁中, 試文章, 并問經史大誼, 帝咨美, 悉留宮中. 帝能詩, 每與侍臣賡和, 五人者皆預, 凡進御, 未嘗不蒙賞, 又高其風操, 不以妾侍命之, 呼學士. 擢其父饒州司馬、習藝館內敎, 賜第一区, 加穀帛.

元和末, 若莘卒, 贈河內郡君. 自貞元七年, 秘禁圖籍, 詔若莘總領, 穆宗以若昭尤通練, 拜尙宮, 嗣若莘所職. 歷憲、穆、敬三朝, 皆呼先生, 后妃與諸王、主率以師禮見. 寶曆初卒, 贈梁國夫人, 以鹵簿葬.

若憲代司秘書, 文宗尙學, 以若憲善屬辭, 粹論議, 尤禮之. 大和中, 李訓、鄭注用事, 惡宰相李宗閔, 譾言因駙馬都尉沈䕭厚賂若憲求執政. 帝怒, 幽若憲外第, 賜死, 家屬徙嶺南. 訓、注敗, 帝悟其譾, 追恨之.

若倫、若荀早卒. 廷芬男獨愚不可敎, 爲民從身.

≪여논어≫에 주석을 단 왕상(王相)은 자(字)가 진승(晋升)이며 강서(江西) 임천(臨川) 사람으로, 청대(清代) 강희(康熙) 연간에 활동했던 학자다. 그는 ≪천가시(千家詩)≫나 ≪삼자경(三字經)≫과 같은 계몽서 등에 주석을 붙이는 작업을 많이 하였다. 그가 쓴 책으로는 ≪삼자경훈고(三字經訓詁)≫(1권) · ≪척독앵명집(尺牘嚶鳴集)≫(12권) · ≪백가성고략(百家姓考略)≫ 등이 있다. ≪사고전서(四庫全書)≫ 총집류(總集類)에는 그가 쓴 네 권의 책 제목이 소개되어 있고, 그 중 ≪척독앵명(尺牘嚶鳴)≫의 내용이 수록되어 있다. 그러나 그의 사적(事迹)은 알 수가 없다. 그가 주를 붙인 ≪삼자경(三字經)≫ · ≪백가성(百家姓)≫ · ≪증정광일기고사(增訂廣日記故事)≫는 현재 중국에서 널리 유전되고 있다. 그가 편집한 ≪여사서(女四書)≫ 중의 ≪여범첩록(女範捷錄)≫은 다름 아닌 그의 모친인 유씨(劉氏)가 직접 쓴 책이다.

≪여논어≫의 내용은 입신(立身) · 학작(學作) · 학례(學禮) · 조기(早起) · 사부모(事父母) · 사구고(事舅姑) · 사부(事夫) · 훈남녀(訓男女) · 영가(營家) · 대객(待客) · 화유(和柔) · 수절(守節) 12장으로 되어 있다. 내용은 여성들의 모든 언행을 총 망라하고 있기 때문에 상당히 구체적이고 자질구레하다는 인상을 준다. 이를 요약하자면 여성의 수양, 여성의 인간관계, 가정에서의 여성의 임무 등 세 부분으로 나누어볼 수 있다.[6]

6) 이하 세 가지 내용은 張經의 〈一部女子訓戒全書 －≪女論語≫及其作者〉를 참고하였음.

첫째, 여성의 수양

≪여논어≫에서는 여성 자신의 수양을 아주 중시하고 있다. 이른바 "여자라면 먼저 자신의 몸을 똑바로 세우는 것을 배워야 한다."[7]는 것이다. 입신을 하는 방법으로 청정(淸貞)을 강조하고 있다. 즉 "걸어갈 때는 고개를 돌리지 말며, 말을 할 때는 입술을 들어 올리지 말며, 앉을 때는 무릎을 떨지 말며, 서 있을 때는 치마를 흔들지 말며, 웃을 때는 큰 소리로 웃지 말며, 화를 낼 때는 크게 소리를 지르지 말라."[8]는 것이다. 이러한 내용에 대해 장경(張經)은 "이는 완전히 남자의 심미안으로 핵심적인 표준을 삼아 여자의 행위를 규범하고 남자의 요구에 부합될 수 있도록 한 것"이라고 지적한다.

그리고 "이러한 목적을 달성시키기 위해서는 반드시 여자들을 가두어 놓고 훈계를 통해서 그들의 성정을 도야시키고 그들의 행위를 규범화시켜야만 했다."고 말한다. 즉, "딸은 규방에서 생활하도록 하고, 문밖을 나가는 일이 적도록 하며, 오라고 부르면 곧바로 오고, 가라고 하면 곧바로 가도록 하며, 조금이라도 순종하지 않음이 있으면 마땅히 꾸짖고 화를 내는"[9] 방법으로 교육을 시켰던 것이다. 따라서 여자에게 훈계는 아주 엄격하게 이루어졌다. "멋대로 맵시를 내는데 열중하지 못하게 해야

---

7) 〈立身〉, "凡爲女子, 先學立身."

8) 〈立身〉, "行莫回頭, 語莫掀唇, 坐莫動膝, 立莫搖裙, 喜莫大笑, 怒莫高聲."

9) 〈訓男女〉, "女處閨門, 少令出戶, 喚來便來, 喚去便去, 稍有不從, 當加斥怒, 朝暮訓誨, 各勤事務."

하니, 이는 다른 사람이 화를 낼까 염려가 되어서며, …… 멋대로 놀러 다니지 못하게 해야 하니, 이는 다른 사람들이 나쁜 짓을 할까봐서 염려가 되기 때문이었다."[10]

책에서는 여자를 극단적으로 신임하지 못하여, 마치 경계가 조금이라도 풀어지면 화란(禍亂)이 생길 것처럼 여겼다. 여자는 반드시 "입신"을 해야 하고, 그 부모가 되는 사람은 딸을 키울 때 이 원칙을 기준으로 삼아 여자에 대한 훈계가 대대로 전승될 수 있도록 하였다.

둘째, 여성의 인간관계

여성의 인간관계에는 여러 경우가 포함되어 있다. 먼저는 남자와 여자의 관계다. 책에서는 남녀를 엄격하게 구별해서 남녀가 자유로이 접촉을 하지 못하게 하고 있다. 그리하여 풍속을 해치는 일이 발생하는 것을 막고 있다. "내외(夫婦)는 각자 다른 처소에 거하고, 남자와 여자는 따로 생활을 해야 하며", "남자 중에 식구가 아니면, 더불어 이름을 통칭해서는 안 되는 것"[11]으로 교육하였다. 이것으로도 부족하여 여자는 "담 밖을 엿보지 말아야 하고, 바깥마당으로 나가지 말아야 하며, 나갈 때는 반드시 얼굴을 가리고, 뭔가를 살필 때는 몸을 숨기도록"[12] 하였다. 이렇게 여자는 깊이 숨어살면서 외출을 하지 않아야 남녀관계의 청백(淸白)함을

10) 〈訓男女〉, "莫縱驕痴, 恐她啼怒, 莫縱游行, 恐她惡事."

11) 〈立身〉, "內外各處, 男女異群", "男非眷屬, 莫與通名."

12) 〈立身〉, "莫窺外壁, 莫出外庭, 出必掩面, 窺必藏形."

유지할 수 있는 것으로 교육시켰다.

그 다음은 부모와 시부모와의 관계다. 여자는 부모와 시부모에게는 자기 뜻을 굽히고 무조건 복종하고 존경하는 마음으로 섬길 것을 강조하고 있다. 즉, 부모에게는 "춥다 하시면 불을 피워드리며, 덥다 하시면 부채로 서늘하게 해 드리고, 배가 고프다 하시면 음식을 차려 드리며, 목이 마르다 하시면 탕을 드리도록"[13] 했으며, 시부모에게는 "공손하게 받들어 모시며 보살피고 봉양함을 친부모처럼 하도록"[14] 하여 친부모를 모시는 것과 같이 할 것을 요구하고 있다.

그 다음은 남편과의 관계다. 즉, 여자는 유순하고 양보할 것을 요구하고 있다. 말하자면 "남편은 강직하고 아내는 유순해야" "은혜와 사랑이 넘치게 된다."[15]고 보았다. 구체적으로 말해 "남편이 만약에 화를 내어도 함께 화를 내서는 안 된다. 뒤로 물러나와 양보를 하고 성질을 참으며 소리를 낮추도록 해야 한다."[16]라고 하였다. 부부관계가 잘 유지되기 위해서는 여자의 무조건적인 인내와 양보가 있어야 된다는 논리다. 책은 또 "남편에게 좋지 못한 일이 있으면 권하고 간하기를 지극정성으로 해야 한다."[17]라고 강조하고 있다. 남편이 일을 잘못하고 나쁜 일을 했을 때, 아내는 인내심을 가지고 권도(勸導)하라는 것이다. 부부가 "즐

13) 〈事父母〉, "寒則炕火, 熱則扇凉, 饑則進食, 渴則進湯."

14) 〈事舅姑〉, "供奉看養, 如同父母."

15) 〈事夫〉, "夫剛妻柔", "恩愛相加."

16) 〈事夫〉, "夫若發怒, 不可生嗔, 退身相讓, 忍氣呑聲."

17) 〈事夫〉, "夫有惡事, 勸諫諄諄."

거움도 함께 하고 어려움도 함께 하며, 부유함도 함께 하고 가난도 함께 해야"[18]만 생활이 행복으로 충만할 수 있으며, 이렇게 할 수 있는 여자가 사람들로부터 큰 칭찬을 받을 수 있다는 것이다.

부부관계에서 가장 기본적인 핵심 내용은 아내의 정결이라고 보았다. 그래서 책은 "부부가 결혼을 하여 머리를 묶고 나면 그 의리는 천금보다 중요하게 되는데, 만약에 불행을 당하여 도중에 먼저 남편이 세상을 떠나면 삼 년 상을 치르고, 뜻을 지키고 마음을 굳게 먹어야 한다. 가정을 지키고 할 일을 잘 견지하면서, 산소를 가지런하게 잘 정돈하고 정성으로 후대를 잘 가르치면, 남아 있는 사람이나 죽은 사람이나 모두에게 영광이 될 것이다."[19]라고 강조하고 있다. 이 말은 혹시 집안에 불행이 생겨서 남편이 일찍 죽으면 아내는 개가(改嫁)를 해서는 안 되고, 죽은 남편을 위해 수절을 해야 하며, 집안일을 잘 유지해 가면서 후대를 잘 길러야 하는데, 이렇게 되면 살아있는 아내나 죽은 남편이나 모두가 영광이라는 것이다. 그리고 이런 정결한 여자가 그 이름이 후세에 전해질 수 있다는 것이다. 그래서 책은 "옛날부터 어진 부인은 구열(九烈)과 삼정(三貞)으로, 그 이름을 청사(靑史)에 남겨 지금까지 전해지고 있다."[20]고 적고 있다. 뒤에 태어나는 여자들은 이런 옛날 여자들을 본보기로 삼아 수절에 대한 믿음을 견지해야 한다는 뜻이다.

---

18) 〈事夫〉, "同甘共苦, 同富同貧."

19) 〈守節〉, "夫婦結髮, 義重千金, 若有不幸, 中路先傾, 三年重服, 守志堅心, 保持家業, 整頓墳塋, 殷勤訓後, 存殁光榮."

20) 〈守節〉, "古來賢婦, 九烈三貞, 名標青史, 傳到而今."

다음은 이웃과의 관계다. 이웃이나 친척들과 절친한 관계를 유지하는 것은 아주 중요한 것으로, 책은 "위채나 아래채의 자식과 조카들을 마땅히 친하게 대해야 하며", "동쪽의 이웃이든 서쪽의 집이든 그 어디나 예의를 두루 온전하게 해야 한다."[21]고 하였다. 그리고 손님을 대하는 예의는 여자의 필수적인 기본으로, 언제나 열정을 다 할 것을 강조하고 있다. "여자 손님이 지나다 들리게 되면, 앉을 때 필요한 도구들을 갖추어 놓고 의상을 잘 가다듬는다. 가벼운 걸음걸이로 천천히 걸으며, 손은 모으고 목소리는 낮추어 마당과 문을 지나오도록 청한다. 안부를 묻고 계절에 대한 얘기를 나누되 두서부터 차근차근 설명을 하고, 묻고 대답함을 은근하게 하며, 목소리를 가늘게 해서 말하고, 차와 탕을 준비하여 오는 사람은 맞이하고 가는 사람은 잘 배웅을 해 주라."[22]고 적고 있다.

세 번째, 가정에서의 여성의 임무

≪여논어≫에서는 근검을 크게 강조하고 있다. 즉, "부지런하면 가정이 일어나고 게으르면 가정이 기울게 되며, 검소하면 가정이 부유하게 되고 사치를 하면 가정이 가난해 진다."[23]라고 하여 근면하고 검소한 생활로 가정을 유지할 수 있어야 현숙한 "영가(營家)"의 여자가 될 수 있다

---

21) 〈和柔〉, "上房下房, 子侄宜親", "東鄰西舍, 禮數周全."

22) 〈學禮〉, "女客相過, 安排坐具, 整頓衣裳, 輕行緩步, 斂手低聲, 請過庭户, 問候通時, 從頭稱敍, 答答殷勤, 輕言細語, 備辦茶湯, 迎來送去."

23) 〈營家〉, "勤則家起, 懶則家傾, 儉則家富, 奢則家貧."

고 보았다.

≪여논어≫를 관통하고 있는 중심사상은 "남존여비(男尊女卑)" 사상이요, 그 내용은 여성의 "삼종사덕(三從四德)"을 상세하게 설명해 놓은 것이라 할 수 있다. 특히 여성이 수양을 하는 목적은 자기의 발전을 위한 것이기도 하지만 그 이전에 남자의 요구에 더욱 훌륭하게 적응하고 남자에게 완벽한 봉사가 될 수 있도록 교육시키는데 있었다고 할 수 있다.

그러면 ≪여논어≫는 어떠한 사회적 배경에서 나오게 되었을까? 이는 첫째로 "당대(唐代) 여성들이 받은 교육", 둘째로 "당대 후기 통치자들의 자신감 저하", 그리고 셋째로 "사회적으로 여성의 역할에 대한 새로운 객관적 평가" 등에서 그 원인을 찾아볼 수가 있다.[24)]

첫째는 문화 교육에 대한 신속한 보급과 여자 교육에 대한 긍정적 시각이다.

당대(唐代)는 사회적으로 문화 교육이 크게 발전했던 시기다. 과거제도의 흥기에 따라, 교육이 이전의 엄격한 등급 구분에서 벗어나 사회 각 계층 인사들에게 개방이 되었다. 이에 따라 문화교육 역시 신속하게 전사회에 보급이 되었다. 이러한 문화가 크게 보급되자 사회적 분위기는 삼 척 동자도 글을 모르면 부끄러워할 줄 알았고, 지위가 낮은 여성들도 역시 같은 생각을 하게 되었다. 따라서 여성들도 여러 학습 경로를 통해서 자신의 문화 소양을 제고시키고자 하였다. 그 중에서 가장 보편적인 경로가 가정에서의 교육이었다.

24) 여기에서 소개하는 내용은 楊小敏의 논문 〈≪女論語≫與唐代後期知識女性的家庭倫理思想初探〉의 내용을 참고하였다.

이런 환경에서 송씨 자매는 일찍이 ≪여논어≫를 써서 크게 평가를 받았고, 얼마 뒤에는 재학(才學)을 인정받아 궁궐로 들어가 후궁에서 최고의 자리를 차지할 수 있었다. 그리고 늘 조정에서 시부(詩賦)로 화창을 하고, 때로는 조정에서의 중요한 자리에까지도 참석할 수 있게 되었다.

특히 약소는 상궁이라는 직무를 맡았을 뿐만 아니라, 또 육궁(六宮)의 빈원(嬪媛)·제왕(諸王)·공주(公主)·부마(駙馬) 등의 스승이 되어 아주 존경을 받았다. 이것이 가능할 수 있었던 것은 송씨 자매가 우수한 가정교육을 받았던 것과 깊은 관계가 있다.

특히, 당대(唐代)에는 사회적 풍조가 비교적 개방이 되어 여성들이 봉건예교의 속박을 조금 덜 받을 수 있었고, 사회적 여론에서도 여자가 교육을 받는 것과 문화를 배우는 것을 반대하지 않았고 오히려 고무하는 분위기였기 때문에 재능을 가진 여성들은 사회에서 존경을 받을 수 있었다.

이런 점은 송씨 자매의 이름이 당시에 중시되었음을 말해준다. 두상(竇常)[25]은 〈과송씨오녀구거(過宋氏五女舊居)〉라는 시를 지어, "사씨(謝氏) 집안의 우아함과 첩여(婕妤)의 재능 같음이여, 하늘이 내린 고아함도 떠난 뒤에는 오질 않는구나. 집안 가득 버들개지 오늘도 눈송이처럼 날리는데, 고향 사람들 망선대(望仙臺)를 본떠 만들어 놓았구나."[26]라고 노

---

25) 두상(竇常)은 자(字)가 중행(中行)으로, 평릉(平陵), 즉 지금의 섬서(陜西) 함양(咸陽) 서북쪽 사람이다. 그의 시는 ≪두씨련주집(竇氏聯珠集)≫과 ≪전당시(全唐詩)≫에 26수가 실려 있다.

26) "謝庭風韻婕妤才, 天縱斯文去不回. 一宅柳花今似雪, 鄕人擬築望仙臺."

래하였는데, 여기서 "사씨(謝氏)"는 동진(東晋)의 사도온(謝道韞)을 가리키고, "첩여(婕妤)"는 서한(西漢)의 반첩여(班婕妤)를 가리킨다. 곧 두상(竇常)은 당대(唐代) 송씨(宋氏) 자매들의 재화(才華)를 이전 시대의 사도온과 반첩여가 가졌던 그 자태와 재능으로 비견하면서 찬양했던 것이다.

그리고 왕건(王建)은 〈송씨오녀(宋氏五女)〉라는 시에서 "다섯 딸 평생토록 봉양을 맹세하고, 정절과 효도를 잘 지켜나갔네. …… 조석으로 부모 곁에 머물면서, 틈나는 대로 시서(詩書)를 공부하였네. 성인의 마음 스스로 익혔을 뿐, 유생이 알아줄 것을 원한 것 아니었네. …… 동시에 황궁으로 들어가, 그림자 나란히 옥계를 걸었네. 고향에서는 그 모습 중히 여겨, 새롭게 초가집을 단장하였네. 당대 조정의 훌륭한 사관이, 그들을 여스승으로 삼았네."[27]라고 하였다.

물론, 당시 독서의 목적은 사람을 잘 섬기는 도리를 배우기 위한 것에 있었지만, 어쨌든 당대(唐代)에 교육의 보급 및 여론은 여자들의 교육에 격려가 되었고, 또 가정에서 여자교육이 중시될 수 있었으며, 나아가 송씨 자매가 비교적 높은 문화적 소양을 가질 수 있었고, 마침내는 통속적이고 이해하기 쉽고 암기하기 쉬운 ≪여논어≫를 쓸 수도 있었던 것이다.

둘째는 당대 후기에 와서 국력이 쇠약해지고 통치자의 자신감이 저하

27) "五女誓終養, 貞孝內自持. …… 晨昏在親傍, 閑則讀書詩. 自得聖人心, 不因儒者知. …… 同時入皇宮, 聯影步玉墀. 鄉中尚其風, 重爲修茅茨. 聖朝有良史, 將此爲女師."

되었던 점이다.

당대(唐代)는 중국 역사상 대단히 강성했던 왕조로, 이는 사회 전반에서 겸용과 너그러움이 통했다는 것을 반영한다. 이는 당대 여성들의 복식의 변화에서 그 근거를 찾아보기도 한다. 여자 복식의 개방적인 특징은 중종(中宗)으로부터 현종(玄宗)에 이르기까지 점점 강도를 더해가다가 마침내는 최고의 전성기를 누릴 수 있게 되었다.

당대 때, 국가가 가장 번성했던 시기는 부녀자들이 가장 속박을 적게 받고 가장 개방이 많이 되었던 시기였다. 이 때 여성들은 간편하고 편한 복식을 추구하였을 뿐만 아니라, 생활에 있어서도 자유를 추구할 수 있었다. 하지만, 안사의 난과 함께 강대하던 당 왕조는 풍전등화와 같은 지경에 놓이게 되었다.

안사의 난 이후, 당(唐)은 아직도 국력 면에서 통치자의 기백이나 자신감 등에 문제는 없었지만, 성당(盛唐) 시기와 비견할 수는 없었다. 이에 따라 사회생활은 점차 부녀자들에게 속박을 가하는 쪽으로 흐르게 되었다. 즉, 호복(胡服)과 같은 경우, 초당(初唐)과 성당(盛唐) 시기에는 자유와 개방의 상징이라 할 수 있었다. 그러나 당 후기에 와서는 이 호복이 "요염한 의복"으로 인식이 되었고, 안사의 난이 발생하게 된 것도 호복 때문이었다고 보기도 하였다. 이전에는 부녀자들의 "삼가고 존경하는 태도가 좀 부족하고", "풍습과 교화에 다소 어긋나는" 행동거지도 용인이 될 수 있었지만, 이때에 와서는 모두가 용서될 수 없는 죄악(罪惡)이 되었다. 그리하여 풍속을 바로 세우기 위해 반드시 예교를 다시 정리해야 했고, 여성을 가정에 가두어 두고, 사람이 많이 모인 공개적인 자리에서 두상을 드러내고 얼굴을 보이는 것이 허락되지 않았던 것이다.

셋째는 당대(唐代) 여성의 정치 참여가 문제화됨으로 인하여 사회의 부녀역할이 다시 한 번 재고되었다는 점이다.

당대 시기에는 사회의 개방에 따라 수많은 여성들이 정치에 참여하게 되었던 바, 역사적으로 부녀자들이 정치에 가장 많이, 가장 활발하게, 그리고 가장 크게 영향력을 미쳤던 시기가 곧 이 때였다. 예컨대, 측천무후(則天武后)·태평공주(太平公主)·위후(韋后)·안락공주(安樂公主)·상관완아(上官婉兒) 등은 모두가 직접적으로 정치에 참여하였던 인물들이며, 측천무후는 황제의 보좌에까지 앉기도 하였다. 양귀비(楊貴妃)는 분명한 참정의 흔적은 없지만, 의식적이었든 무의식적이었든 현종(玄宗)에게 영향을 끼치지 않을 수 없었다. 그의 사촌 오빠인 양국충(楊國忠)은 혼자서 재상과 절도사 등 40여 개의 직무를 겸하고 있었으니 이는 역사적으로 드문 일이었다.

그러나 전통적인 관념에서는 정치무대란 남자들이 활동하는 곳이요, 정치란 남자들이 독점하는 영역이라는 인식이 지배적이었기 때문에, 부녀자들에게는 하나의 금지된 구역이고 발을 들여놓을 수 없는 것이었다. 따라서 당대(唐代) 사람들의 인식에서 측천무후의 "혁당개주(革唐改周)"[28]는 용서될 수 없는 죄악이었다. 뿐만 아니라, 측천무후 통치 후기에는 인물등용 및 행정상에서 수많은 폐단이 초래되어 정국은 대단한 혼

28) 당(唐) 왕조를 주(周) 왕조로 바꾸다. 역사에서는 측천무후가 세운 주(周) 나라를 이전의 서주(西周) 및 동주(東周)와 구분하기 위하여 그녀의 성 무씨(武氏)를 따서 "무주(武周)"라 부른다.

란에 빠지게 되었고, 이런 현상은 부녀자들의 참정을 반대하는 사람들에게 목소리를 높일 수 있는 구실이 되었으며, 나아가 부녀의 신분에 대한 새로운 인식을 하게 하였다.

이로부터 부녀자들의 위치를 다시 정립하기 시작하였고, 특히 당대의 쇠락과 안사의 난을 양귀비와 관련을 시킬 때, 사람들은 "여자가 화근"이라는 말을 쉽게 하기에 이르렀다.

이런 화근을 막아내는 유일한 방법은 부녀자들을 가정과 주방으로 돌려보내는 것이었다. 이에 따라 부녀자의 참정을 여지없이 차단하고, 여성들이 전통적으로 내려오던 도덕규범을 엄수할 것을 요구하기에 이르렀다. 바로 이런 배경에서 송약신의 ≪여논어≫가 나오게 된 것이다. 따라서 책의 내용은 부녀자들의 가정 윤리도덕의 기준을 표준화시키고, 통치자들이 예교와 질서를 다시 진작시키고자 하는 여망과 요구에 부합이 되도록 편찬이 되었다. 그러나 아이러니하게도 저자인 송씨는 자기가 주장했던 그 이론을 그대로 실천했던 사람은 아니었다.

송씨가 ≪여논어≫를 지은 목적은 여성 교육에 앞장서기 위한 것이었다. 그런데, 자신은 책에서 여성들로 하여금 "남편은 바깥일을, 아내는 집안일을" 잘 담당할 수 있기를 강조하였지만, 이런 주장과는 상반되게도 자신은 가정을 떠나 더 넓은 천지로 나아가 활동을 하였다. 즉, "가정"이라는 테두리를 벗어나 남성들의 독무대라고 할 수 있는 궁중으로 들어가 정치영역에서 뜻을 펼치고자 하였던 것이다. 그렇다면 송씨는 왜 이와 같이 이론과 실천이 다를 수밖에 없었을까?

이는 먼저 당대(唐代) 사회의 개방성을 그 이유로 들 수 있다. 당대는 역사적으로 사회뿐만 아니라 경제나 문화 방면에서도 눈부신 발전이 있었던 시기요, 동시에 역사적으로 보기 드문 개방적 사회였다. 이 때 만들어진 고도의 물질문명과 정신문명은, 세계적으로도 자랑할 수 있는 문명의 나라 개방의 나라가 되는데 토대가 되었다.

당대는 또 부녀자들에 대한 속박이 가장 적었던 시기로, 생활면에서 이 시대 부녀자들을 가장 자유로웠고 가장 개방적이었다고 할 수 있다. 그러던 것이 당대 후기에 와서 비로소 국세의 쇠약과 통치자들의 자신감이 약화됨에 따라 부녀자들에 대한 속박이 다시 엄격해지기 시작하였다. 그러나 상당기간 형성되어 있던 습관은 단시간 내에 소멸될 수 있는 것은 아니었다. 그래서 사람들이 풍속을 바로잡고 예교를 다시 진흥시키자고 늘 애를 썼지만 그 효과는 아주 미미할 수밖에 없었다. 송씨가 ≪여논어≫를 통해 부도(婦道)를 널리 펼쳤지만, 반드시 자기도 그 부도(婦道)를 따라야 한다는 필요성은 느끼지 않았다.

또 하나는, 송씨가 평소에 가정교육을 통하여 양질(良質)의 가르침을 받을 수 있었고, 여기서 얻게 된 문화 소양이 ≪여논어≫를 쓸 수 있는 기초가 될 수 있었다는 점이다.

특히 부녀자들의 지위가 비교적 높았던 당대(唐代) 시기에, 송씨는 비교적 훌륭한 문화 소양을 가지고 있었기 때문에, 자연스럽게 평범한 부녀자들과는 달리 개인적인 원대한 이상을 가질 수가 있었다. 즉, 재예와 학문으로써 이름을 날리고 부모의 영광이 드러나게 하는 이상이었다. 전통적인 관습에 따른다면 부녀자는 집에 머물면서 남편을 내조하고 자녀를 가르쳐야 했다. 그러나 송씨는 자아실현의 꿈을 가지고 재예 학문으로써 자신과 집안의 명예를 드날리고자 하였던 것이다. 이런 배경에서 나온 송씨의 ≪여논어≫의 내용은 당시 통치자들이 예교를 다시 진작시키고자 하던 요구조건에 잘 부합이 될 수 있었다.

한 동안, 부녀자의 지위가 인정되어 가정에서 실권을 쥘 수 있는가 했던 사회적 분위기는 점차 시간이 흐르면서 오히려 부녀자들의 희생을 강요하는 쪽으로 기울게 되었다. 즉 남성 위주의 통치계급들은 부녀자의 자유를 적극적으로 제한하고자 하였고, 이에 ≪여논어≫는 그런 임무를 담당하기에 적격이었다. 책은 부녀자들에게 족쇄를 채웠고, 부녀자들의 자유를 제한하게 되었다.

그러나 송씨 자매들은 재학이 출중하였던 관계로 추천을 받아 궁중으로 들어갈 수 있었고, 또 궁중에서는 토론에 참여하기도 하고 천자의 물음에 대답하기도 하였으며, 부와 시를 화창하고 심지어는 조정에 참여하기도 하였다. 이는 송씨 자매들이 "양명현친(揚名顯親)"이라는 숙원을 실현한 것이라고 말할 수는 있지만, ≪여논어≫에서 여성인 자신이 강조한 부녀자의 도덕과는 완전히 배리되는 길이었다.

송씨 자매들 중, 약헌은 개인적인 이상을 가지고, 남자처럼 건공입업(建功立業)"·"양명현친(揚名顯親)"하기 위하여 정치에 개입하였고, 또 정치에서 두각을 나타낼 수 있었지만, 역시 남권(男權) 중심의 사회에서 이 여성이 더 넓은 무대에서 재능을 펼칠 수가 없었다. 따라서 그녀는 남권사회에 수용이 되지 못하고 결국 시대의 희생양이 되고 말았다.

그러나 부인할 수 없었던 사실은 송씨 자매들이 가정을 떠나 정치판으로 들어가서는 자기들의 재학으로 정치에 개입할 수 있었을 뿐만 아니라 비교적 강한 참정능력도 보여주었다는 점이다. 이는 곧 당대(唐代) 사회의 개방을 말해 주고 부녀자들의 해방과 진보를 표명해 주는 것이라 할 수 있다.

바로 문학과 정치 영역에서 재능을 펼칠 수 있었기 때문에 송씨 자매들이 남성 영역에서도 자리를 차지할 수 있었고, 또 고대 여성사(女性史)에서도 빛나는 업적을 남길 수가 있었다. 물론 ≪여논어≫가 봉건통치자들의 요구에 영합한 책이었기 때문에 내용 중에는 봉건적 사상들이 많이 들어있음은 자명한 사실이다.

서문에서도 알 수 있듯이 송씨 자매가 이 책을 썼던 목적은 바로 부녀자들이 그들의 도리를 잘 따르게 하기 위한 것이었다. 따라서 책에서 요구하기를, 부녀자들은 "말을 할 때는 입술을 들어 올리지 말며, 앉을 때는 무릎을 떨지 말며, …… 내외(夫婦)는 각자 다른 처소에 거하며, 남자와 여자는 따로 생활을 해야 하며, 담 밖을 엿보지 말아야 하며, 바깥마당으로 나가지 말아야 하며, 나갈 때는 반드시 얼굴을 가리고, 뭔가를 살필 때는 몸을 숨겨야 한다."[29]고 하여 부녀자들의 자유로운 행동을 제한하고 있고, 그들을 가정 바깥에도 나가지 못하도록 제한을 하고 있으며, 사람들과 사귀는 것도 막고 있다. 교육을 받아야 할 내용도, 그저 여자들이 순종하는 것과 예교와 솜씨를 배우라는 점을 강조하고 있는데, 이는 명확한 남존여비를 주장하고 있는 것이다.

책은 강조하기를, "여자가 시집을 가면 남편이 가장 친한 사람이 된다.

29) "語莫掀唇, 坐莫動膝, …… 內外各處, 男女異群. 莫窺外壁, 莫出外庭. 出必掩藏, 窺必藏形."

이는 전생의 연분으로 지금 세상에서 혼인을 하게 된 것이다. 남편 받들기를 하늘처럼 해야 하니 그 의가 가볍지 않다."[30]라고 하였다. 즉, 여성의 삼종사덕(三從四德)과 '하늘이 정한 혼인'이라는 숙명론을 중시하고 있고, 또 시종일관 "정절"을 강조하고 있는데 이런 내용들은 오늘날 비판의 대상이 되는 점이기도 하다.

물론 ≪여논어≫가 봉건시대의 삼강오상(三綱五常)이라는 예교를 유지하고 보호하려는 입장에서 부녀자들에게 요구하는 내용을 담고 있기는 하지만, 여기에는 오늘날 우리들이 참조하고 배울만한 그런 내용도 적지 않음에 주목할 필요가 있다. 예컨대 노인을 공경하는 문제라든가, 자녀들을 잘 교육시키는 문제, 그리고 부지런하고 근검절약하는 태도로 가정을 잘 꾸려나가는 자세, 소박한 결혼식으로 낭비를 줄이는 것, 부부 중에 한 사람이 잘못했을 때 그 배우자가 잘못을 고쳐주는 이런 내용 등은 중국의 전통적인 아름다운 덕목들이라 할 수 있다.

특히 시장경제를 중시하는 현실에서 혈육지간의 정은 갈수록 옅어지고 있고, 노령화 사회가 심화되고 있는 시점에서 노인에 대한 존경 문제라든지, 근검절약하며 가정을 지키는 일은 언제 어디서나 필요한 일이며, 후대들을 잘 교육시켜 귀한 재목으로 만드는 일은 개인에게 있어서도 중요하지만, 국가와 민족에게 있어서도 대단히 중요한 문제이다. 그리고 부부가 함께 살면서 서로 이해하고 존중하며, 어떤 문제점이 생겼을 때는 함께 풀어가는 이런 점들은 모두가 마땅히 따라야 할 도덕규범

---

30) "女子出嫁, 夫主爲親, 前生緣分, 今世婚姻, 將夫比天, 其義匪輕."

이라 할 것이다.

어쨌든 ≪여논어≫의 내용이 알려주고 있는 바는, 송씨 자매의 가정윤리 사상이기도 하고, 또 당대(唐代) 후기 지식여성의 가정윤리 사상이기도 하다는 것을 알 수 있다. 이런 사상은 전통적인 남존여비 관념에 기원을 두고 있고, 또 그런 토양에서 뿌리를 내린 것이기 때문에, 역시 남존여비라는 사유의 테두리를 벗어나지 못하고 있고, 남자는 바깥일을 여자는 집안일을 해야 한다는 틀을 벗어나지 못하고 있다. 그렇지만 개방적 당대(唐代)에서 이러한 관념은 또 다른 층위에서 변이(變異) 현상이 생겨나도록 했으니, 즉 송씨 자매들이 이론과는 배리되는 다른 길을 걸었던 점이 대표적인 예라 할 수 있다.

송씨 자매들의 경력을 통해, 오늘날 우리는 당대(唐代) 부녀자들이 받았던 교육이나, 당시 부녀자들의 사회적 지위, 그리고 당대(唐代) 후기의 사회·정치적 상황을 비교적 분명하게 인식할 수 있고, 또 그들을 통해 봉건 성세 시대에도 부녀자들의 지위는 확실히 제고가 되었지만, 어쨌든 부녀자들의 행위는 여전히 전통적인 윤리관의 제약을 받고 있었다는 점 등이다.

당서열전

(唐書列傳)

宋若昭[(1)]는 貝州人으로 世以儒聞이라 父棻[(2)]이 好學하더니 生五女라 若華와 若昭와 若倫과 若憲과 若荀이 皆慧美能文이라 若昭의 文詞가 高潔이나 不願歸人하고 欲以文學名世러라 若華가 著女論語에 若昭가 申釋之하니라 德宗貞元中에 盧龍節度使李抱貞이 表其才하니 詔入禁中하여 試文章하고 論經史하여 俱稱旨니라 帝每與群臣賡和[(3)]할새 五女皆預[(4)]焉이요 屢蒙上賚하여 姊妹俱承恩幸[(5)]이니라 獨若昭願獨居禁院하고 不希上寵에 常以曹大家[(6)]自許니라 帝嘉其志하여 稱爲女學士러라 拜內職官尙官[(7)]하여 掌六宮文學職與外尙書等하며 兼敎諸皇子公主하니 皆事之以師禮하여 號曰宮師니라 歷德順憲穆敬凡五朝하여 寶曆中卒하니 贈梁國夫人이라 有詩文若干卷과 幷所訂女論語가 行世하니라

송약소(宋若昭)는 패주(貝州) 사람으로, 세상에는 유학자로 알려져 있다. 부친인 분(棻)은 학문을 좋아하였고, 딸 다섯 즉 약신(若莘)·약

소(若昭) · 약륜(若倫) · 약헌(若獻) · 약순(若荀)을 낳았는데, 모두가 지혜와 미모를 갖추고 글에도 아주 능하였다. 약소(若昭)는 글을 아주 고상하고 깔끔하게 잘 썼는데, 시집가는 것을 원치 않고 학문으로 세상에 이름을 날리고자 하였다. 약신(若莘)이 ≪여논어(女論語)≫를 짓자, 약소(若昭)가 이 책을 자세하게 풀이하였다. 덕종(德宗) 정원(貞元) 연중에 노룡(盧龍)의 절도사 이포정(李抱貞)이 표(表)를 올려 그녀의 재능을 알리니, 궁중으로 들어오라는 조서(詔書)가 내려졌다. 문장을 시험해 보고, 경사(經史)를 논해 보더니 모두가 다 그 뛰어남을 칭찬하였다. 황제가 매번 여러 신하들과 함께 시(詩)나 사(詞)로 창화(唱和)를 할 때 다섯 여인도 모두 이 자리에 참여하였고, 자주 상을 받아가며 자매들은 모두 성은을 입고 총애를 받았다. 오로지 약소(若昭)만이 궁중에서 독거(獨居)하기를 원하면서, 황제의 총애는 바라지 않고, 늘 조태고(曹大家)와 같은 사람으로 자처하였다. 황제가 그러한 뜻을 기뻐하여 여학사(女學士)라는 칭호를 내리고, 내직(內職) 중의 상궁(尙宮) 직을 제수하여, 육궁(六宮)의 문학과 외상서(外尙書)의 일 등을 관장하도록 하고, 겸하여 여러 황제의 아들과 공주를 가르치도록 하였는데, 모든 일을 스승의 예로 하였기 때문에 그를 궁사(宮師)라고 불렀다. 덕종(德宗) · 순종(順宗) · 헌종(憲宗) · 목종(穆宗) · 경종(敬宗)의 다섯 왕조를 거쳐, 보력(寶曆) 연간에 세상을 떠났는데, 양국부인(梁國夫人)으로 추증(追贈)되었다. 시문(詩文) 몇 권이 있고, 아울러 그가 바로잡은 ≪여논어(女論語)≫가 세상에 널리 전해지고 있다.

* * * * *

(1) 宋若昭(송약소) : 송약소(？－825)는 청양(淸陽)의 패주(貝州), 즉, 지금의 하북성(河北省) 청하(淸河) 사람으로, 생년(生年)은 상세하지 않다.

(2) 棻(분) : 송약소의 부친 송정분(宋廷棻)을 가리킨다. 송정분은 초당시인(初唐詩人) 송지문(宋之問)의 후예로, 1남 5녀를 두었다. 아들은 너무 어리석어 교육을 시키지 않았으나, 딸들은 모두 지혜롭고 뛰어나 공부를 잘 하였다.

(3) 賡和(갱화) : 창화(唱和)하다. 즉, 시나 노래를 한 쪽에서 부르면 다른 한 쪽에서 화답하는 것을 말한다. *賡(이을 갱)

(4) 預(예) : 참가하다. *預(미리 예)

(5) 幸(행) : 총애를 받다.

(6) 曹大家(조태고) : "大家"의 현대식 발음은 "대가"이지만, 고대음으로는 "태고"라 하였다. 조태고(曹大家)는 반초(班超)의 누이 동생인 반소(班昭)를 가리킨다. 반소(약 49년－약 120년)는 동한(東漢) 때의 사학자로, 이름은 희(姬)요, 자(字)는 혜반(惠班)이며, 부풍안릉(扶風安陵) 사람이다. 사학자 반표(班彪)의 딸이요, 반고(班固)와 반초(班超)의 누이동생이다. 반고(班固)가 죽을 때 ≪한서(漢書)≫의 "팔표(八表)"와 〈천문지(天文志)〉 중의 완성하지 못했던 부분을 반소가 명을 받아 마속(馬續)과 함께 이어서 찬술하였다. 한(漢)나라 화제(和帝) 때 자주 궁정을 드나들면서 황후와 비빈(妃嬪)들의 스승이 되었다. 그녀의 남편이 조세숙(曹世叔)이었기 때문에 남편의 성을 따라 조씨(曹氏)가 되었다. "大家"의 "家"는 "姑"와 함께 통하였으므로 "고"라고 발음한다. 저작으로 ≪동정부(東征賦)≫와 ≪여계칠편(女誡七篇)≫ 등이 있다.

(7) 尙宮(상궁) : 수당(隋唐) 때 궁중의 여자 관직 명칭으로, 주로 황후를 안내하고 규각(閨閣)의 물품을 관장하였다.

≪여논어≫ (女論語)

서전(序傳)

1

大家曰 妾[1]乃賢人之妻요 名家之女로 四德[2]粗全[3]하고 亦通書史[4]니라

태고(大家)가 말하기를, "나는 어진 사람의 아내요, 명가(名家)의 딸로, 사덕(四德)도 그런대로 갖추고, 또 경서(經書)와 사서(史書)도 통달하였다.

❏ 왕상주

大家는 漢曹大家也니라 此書는 宋氏所作이나 而云大家者는 猶女孝經[5]이 出自唐鄭氏[6]로대 不敢自居其名[7]하여 而託云[8]曹大家也니라 此篇은 首敍[9]著書之意하여 故稱大家之言이니라 吾名門女에 賢士妻로 德容言工四者를 粗備하고 經傳子史群書를 遍覽也니라

"태고(大家)"란 한대(漢代)의 "조태고(曹大家)"를 말한다. 이 책은 송씨(宋氏)가 지은 것이지만, "태고(大家)"를 이야기하고 있는 것은, ≪여효경(女孝經)≫이 당대(唐代)의 정씨(鄭氏)에 의해 만들어진 것이지만, 감히 자기 이름을 자처하지 못하고 조태고(曹大家)를 거론했던 것과 같은 것이다. 이 글은 책의 서두에서 글을 쓰게 된 그 의도를 적은 것이기 때문에, 태고(大家)의 말로 무게를 두고자 한 것이다. 나는 명문가의 딸이요, 현사(賢士)의 아내로, 부덕(婦德) · 부용(婦容) · 부언(婦言) · 부공(婦工)을 그런대로 갖추었고, 경(經) · 전(傳) · 자(子) · 사(史)에 관한 여러 책들을 두루두루 섭렵하였다는 말이다.

* * * * *

(1) 妾(첩) : 나는. 즉, 여자가 자신을 낮추어 말할 때 〈妾〉이라고 말한다.
(2) 四德(사덕) : 네 가지 덕. 즉, 고대에 여자가 갖추어야 했던 네 가지 덕목으로, 부덕(婦德) · 부용(婦容) · 부언(婦言) · 부공(婦工)을 말한다.
(3) 粗全(조전) : 대충 온전함을 갖추다. * 粗(거칠 조)
(4) 書史(서사) : 경서(經書)와 역사서(歷史書).
(5) 女孝經(여효경) : ≪여효경≫은 당대(唐代) 정씨(鄭氏)가 지은 여성교육용 경전이다. 이 책은 ≪효경(孝經)≫의 형식과 용어를 빌려, 동한(東漢)의 조태고(曹大家) – 반소(班昭) – 가 여러 여인들과 묻고 답하는 형식을 통하여 효도에 대한 이야기와 여성이 마땅히 지켜야할 예의 등을 적고 있다. 원본은 원래 열 여덟 장이었으나, 현존하는 내용은 앞부분 아홉 장만이 남아 있을 뿐이며, 그 내용은 서

로 다른 계층의 부녀자들이 마땅히 준수해야할 부도(婦道)와 시부모와 남편을 섬기는 원칙들을 밝히고 있다. 내용 중, 남편을 하늘처럼 모시고 시부모와 친척을 잘 섬기며 베 짜는 일을 열심히 하라는 내용 등은 모두가 반소(班昭)의 ≪여계(女誡)≫에서 나온 것들이다.

(6) 鄭氏(정씨) : 당대(唐代) 막진막(莫陳邈)의 아내. 그녀는 질녀(侄女)가 영왕비(永王妃)로 책봉이 되자, ≪시경(詩經)≫과 ≪예기(禮記)≫에 밝지 못함이 걱정스러워 ≪여효경(女孝經)≫을 지어 그녀에게 주었던 것이다.

(7) 自居其名(자거기명) : 자기 이름으로 자처하다. 즉, 자기 이름을 그대로 밝힌다는 뜻이다.

(8) 託云(탁운) : 기탁하여 말하다.

(9) 首敍(수서) : 첫머리에서 서술하다.

2

因輟(1)女工(2)하고 閒觀(3)文字한대 九烈(4)可嘉하고 三貞(5)可慕나 深惜後人不能追步니라

여자가 할 일이 끝나고 나면, 여가를 내어 책을 보았는데, 구열(九烈)이 가히 아름답고, 삼정(三貞)이 가히 부러웠으나, 후인들이 뒤 따

를 수 없음이 아주 안타까웠다.

❑ 왕상 주

烈은 光也니라 九烈은 言女子全貞完德(6)이니라 有光於夫子면 上榮高祖하고 下蔭玄孫하여 光烈昭於九族(7)也하니라 貞은 純一其志操而不二也니라 三貞云者는 女子在家孝於父母하고 出嫁孝於舅姑(8)하고 敬於夫子(9)니라 三者之間에 皆克盡其貞純之德(10)이 斯爲女子之全行(11)이니라 然此乃古人所常(12)으로 今人宜勉(13)而法之(14)하니라 恐後之女子이 不能追其步跡하고 而履其行也니라

"열(烈)"이란 "빛남"을 말한다. "구열(九烈)"이란 여자가 완벽할 정도로 정숙하고 덕을 겸비하였음을 말한다. 남편에게 그 "빛남"이 있게 되면 위로는 고조(高祖)에 이르기까지 영광이요, 아래로는 현손(玄孫)에 이르기까지 그 은택을 미치게 되니, 그 빛이 구족(九族)을 밝혀주는 것이 된다. "정숙함(貞)"이란 그 지조를 변함없이 유지하는 것이다. "삼정(三貞)"이라고 말한 것은 여자가 집에 있을 때는 부모에게 효도하고, 시집을 가서는 시아버지와 시어머니에게 효도를 하

고 남편을 공경해야 하기 때문이다. 이 세 사람에게는 모두 정숙하고 순수한 덕을 극진하게 행해야 하는데, 이렇게 하는 것이 곧 여자가 할 일을 온전하게 하는 것이다. 이것이 곧 옛날 사람들의 준칙이었다. 오늘날의 사람들도 마땅히 힘써 이를 본받아야 하는데, 후대 여자들이 그런 길을 그대로 행하지 못할까봐 걱정한 것이다.

* * * * *

(1) 因輟(인철) : 그래서 그만두다. 즉, 어떤 이유로 인하여 하던 일을 중단한다는 말이다. *輟(그칠 철)

(2) 女工(여공) : 여자가 하는 일. 〈工〉은 “무엇을 만드는 일”을 말한다.

(3) 閒觀(한관) : 한가롭게 보다.

(4) 九烈(구열) : 아홉 가지 절조(節操).

(5) 三貞(삼정) : 세 가지 정조(貞操).

(6) 全貞完德(전정완덕) : 정조를 온전히 하고 덕을 완전히 하다.

(7) 九族(구족) : 고조(高祖) · 증조(曾祖) · 조부(祖父) · 부친(父親) · 자기(自己) · 자녀(子女) · 손자(孫子) · 증손(曾孫) · 현손(玄孫)까지의 직계(直系) 아홉 친족(親族)을 말한다.

(8) 舅姑(구고) : 시아버지와 시어머니. *舅(시아비 구) *姑(시어미 고)

(9) 夫子(부자) : 남편.

(10) 貞純之德(정순지덕) : 정숙하고 순결한 덕.

(11) 全行(전행) : 행함이 온전하다. 즉, 하는 일이 완벽하게 된다는 말이다.

(12) 古人所常(고인소상) : 옛날 사람들이 법도로 삼았던 바다. “常”은 “법도, 불변의 도”를 뜻한다. *常(항상 상, 떳떳할 상)

(13) 今人宜勉(금인의면) : 오늘날 사람들이 마땅히 힘쓰다.

(14) 法之(법지) : 그것을 법으로 삼아 본받다. 즉, 지켜야할 규칙으로 삼아 그것을 그대로 따른다는 말이다.

3

乃撰一書하여 名爲論語[(1)]하니 敬戒[(2)]相承[(3)]하여 敎訓女子케하니라

이에 책 한 권을 짓고, 그 이름을 ≪논어(論語)≫라고 한다. 공경하고 조심하는 마음으로 서로 계승하여 여자들에게 교훈이 되도록 한다.

❑ 왕상 주

恐[(4)]女敎未修[(5)]하여 乃編撰此書하니 名曰女論語라 俾使[(6)]女子童而習之[(7)]하여 必敬必戒하고 承順其言하여 體而行之면 方成賢淑하여 世之遵守以爲女子之規則이니라

여자들에 대한 교육이 제대로 이루어지지 않을까 걱정이 되어 이

책을 편찬하고, 그 이름을 ≪여논어(女論語)≫라고 하였다. 여자들이 어려서부터 이것을 배우도록 하여, 반드시 공경하고 반드시 경계하면서 그 말을 잘 따르고 몸소 그대로 행해야 비로소 현숙하게 될 것이다. 세상에서 이를 준수하면 여자의 규칙이 될 것이다.

*****

(1) 論語(논어) : 여기서는 ≪여논어(女論語)≫를 가리킨다.

(2) 敬戒(경계) : 공경하는 마음으로 경계하다.

(3) 相承(상승) : 서로 계승해 가다.

(4) 恐(공) : ~할까 걱정이 되다. *恐(두려울 공)

(5) 女教未修(여교미수) : 여자 교육이 닦이지 못하다. 즉, 여자에 대한 교육이 제대로 이루어지지 않는다는 말이다.

(6) 俾使(비사) : ~하도록 시키다. *俾(더할 비, 시킬 비)

(7) 童而習之(동이습지) : 어려서부터 연습을 하다.

4

若依斯言이면 是爲賢婦하리니 罔俾(1)前人으로 獨美千古(2)하라

만약에 이 말을 따르면, 현명한 아내가 될 것이니, 이전 사람들만이 유독 천고(千古)에 아름답도록 하지 말라."라고 하였다.

❑ 왕상 주

言女子若能依此而行이면 卽與古之賢婦貞女同其美名이니라 罔俾는 猶言無使也니라 後世女子能遵行此敎면 則賢良衆多하여 不使前賢獨擅美名於千古而無繼也니라

여자가 만약에 이 말을 따라 행하게 되면, 옛날에 현명했던 부인이나 정숙했던 여자들과 똑 같이 아름다운 이름을 날리게 된다는 말이다. "망비(罔俾)"란 "그리 못하게 하라"는 말과 같은 것이다. 후세의 여자들이 이 가르침을 따라 행하면 현명하고 훌륭한 사람들이 대단히 많아져서, 이전에 현명했던 사람들만이 대대손손 아름다운 이름을 날리다가 끊어지는 일이 없게 될 것이다.

* * * * *

(1) 罔俾(망비) : ~하지 못하도록 하다.
*罔(그물 망, 없을 망) *俾(더할 비, 시킬 비)

(2) 獨美千古(독미천고) : 홀로 천고에 아름답다. "千古"는 "영구한 세월"을 말한다.

제1장

바로서기

立身章

1

凡爲女子에 先學立身이오 立身之法은 惟務清貞이라

무릇 여자라면 먼저 입신하는 것을 배워야 한다. 입신을 하는 방법은 오직 맑고 정숙함에 힘쓰는 것이다.

❏ 왕상 주

立은 猶成也라 立身은 成其爲人之道也라 成人之道何如인가 在淸貞二字而已라 端潔[(1)]安靜之謂淸이요 純一守正[(2)]之謂貞이라

"세운다"(立)는 말은 "이룬다(成)"는 뜻과 같다. "몸을 세운다는 것(立身)"은 사람으로서의 도(道)를 이루는 것이다. 사람의 도는 어떻게 이루는가? 이것은 "맑음(淸)"과 "정숙함(貞)"이라는 이 두 글자에 있을 뿐이다. 단정하고 청결하며 차분한 것을 맑다고 하고, 순수함이 한결같고 바른 언행을 지키는 것을 정숙하다고 한다.

*****

(1) 端潔(단결) : 단정하고 청결하다. *端(바를 단) *潔(깨끗할 결)

(2) 純一守正(순일수정) : "純一"은 "순수함이 한결같음"을 말하고, "守正"은 "올바른 생각이나 행동을 변함없이 지켜나가는 것"을 말한다.

2

淸則身潔하고 貞則身榮이니라

마음이 맑으면 곧 몸이 깨끗하고, 마음이 정숙하면 곧 몸이 영화롭게 된다.

❑ 왕상 주

女子而能淸이라야 則潔淨而無玷[(1)]하고 女子而能貞이라야 則立身而名榮[(2)]이니라

여자는 마음이 맑아야 깨끗하고 흠이 없으며, 여자는 정숙해야 입신(立身)을 하고 이름을 영광스럽게 날릴 수가 있다.

* * * * *

(1) 無玷(무점) : 이지러짐이 없다. 즉, 흠이 없다, 잘못이 없다, 욕됨이 없다는 뜻이다. *玷(이지러질 점)

(2) 名榮(명영) : 이름이 영화롭게 된다. 즉, 이름을 날리게 된다는 뜻이다.

3

行莫回頭하며 語莫掀唇[1]하며 坐莫動膝[2]하며 立莫搖裙[3]하며 喜莫大笑하며 怒莫高聲하니라

걸어갈 때는 고개를 돌리지 말며, 말을 할 때는 입술을 들어 올리지 말며, 앉을 때는 무릎을 떨지 말며, 서 있을 때는 치마를 흔들지 말며, 웃을 때는 큰 소리로 웃지 말며, 화를 낼 때는 크게 소리를 지르지 말라.

❑ 왕상 주

行步에 回頭하면 則失觀瞻[4]之節이요 掀脣露齒면 則無言語之容[5]이요 動膝則坐無定이요 搖裙

則立不穩[6]이라 四者皆賊相[7]也니 當切戒[8]而莫爲니라 喜而大笑則失儀[9]하고 怒而高聲則廢禮[10]니 豈婦人女子之道리오 二者皆輕相[11]也니 當謹愼[12]而勿犯[13]이니라

걸어갈 때 뒤를 돌아보면 관상(觀賞)의 예절을 잃게 되고, 입술을 들어 치아를 드러내 보이면 말에 위용(威容)이 없게 되며, 무릎을 떨면서 움직이면 앉은 모습에 안정성이 없게 되고, 치마를 흔들어 펄럭이면 서 있는 자세가 뜸직하지 못하게 된다. 이 네 가지는 모두가 나쁜 모습이니 마땅히 고치고 조심하여 그렇게 하지 말아야 한다. 좋다고 크게 웃으면 예의에 벗어나게 되고, 화가 난다고 큰 소리를 지르면 예의를 잃게 되니, 어찌 부인과 여자의 도의(道義)라 할 수 있겠는가? 이 두 가지는 모두가 경박한 모습이니 마땅히 조심하여 그런 우를 범하지 않도록 해야 한다.

* * * * *

(1) 掀脣(흔순) : 입술을 치켜들다. 즉, 말을 할 때 잇몸을 드러낸다는 뜻이다. *掀(치켜들 흔) *脣(입술 순)

(2) 動膝(동슬) : 무릎을 움직이다. 즉, 발을 떤다는 의미다. *膝(무릎 슬)

(3) 搖裙(요군) : 치마를 흔들다. 즉, 치마를 흔들며 펄럭인다는 의미다. *搖(흔들 요) *裙(치마 군)

(4) 觀瞻(관첨) : 바라보다, 관상(觀賞)하다, 감상(鑑賞)하다. *瞻(볼 첨)

(5) 無言語之容(무언어지용) : 말에 용모가 없다. 즉, 말을 할 때의 위용(威容)을 잃어버리게 된다는 뜻이다.

(6) 立不穩(립불온) : 서 있는 모습이 평온하지 못하다. 즉, 서 있는 모습이 점잖거나 뜸직하지 못하다는 의미다. *穩(평온할 온)

(7) 賊相(적상) : 나쁜 모습. 여기서 "賊"은 "나쁘다, 사악하다"는 뜻으로 풀이되며, "相"은 "모습, 용모"란 의미로 풀이된다. *賊(도적 적)

(8) 切戒(절계) : 바로잡고 조심하다. "切"은 "끊다, 바로잡다, 고치다"는 뜻으로 풀이되고, "戒"는 "조심하다, 삼가다"는 뜻으로 풀이된다.

(9) 失儀(실의) : 예의를 잃다. "儀"는 "거동, 예의, 풍속"의 뜻으로 풀이된다.

(10) 廢禮(폐례) : 예의가 폐하다. 즉, 예의에 벗어난다는 뜻이다.

(11) 輕相(경상) : 가벼운 모습. 즉, 경박한 모습, 무게가 없는 용모라는 뜻이다.

(12) 謹愼(근신) : 삼가고 신중하게 행동하다.

(13) 勿犯(물범) : 범하지 말라. 즉, 저촉되는 행동을 하지 말라는 의미다.

4

內外各處하고 男女異群[(1)]하여 莫窺外壁[(2)]하며 莫出外庭[(3)]이니 出必掩面[(4)]하며 窺必藏形[(5)]이니라

내외(夫婦)는 각자 다른 처소에 거하며, 남자와 여자는 따로 생활을 해야 하며, 담 밖을 엿보지 말아야 하며, 바깥마당으로 나가지 말아야 하며, 나갈 때는 반드시 얼굴을 가리고, 뭔가를 살필 때는 몸을 숨겨야 한다.

❑ 왕상 주

禮가 男子는 處外하고 女子는 處內하며 男行從左(6)하고 女行從右하여 各不相犯(7)이라 故로 曰 異群이라 하니라 女子無事不窺視戶壁之外하고 不出外庭之中하니라 有不得已出外庭이면 則用巾扇以遮蔽(8)하여 無使男人見其面이니라 有故必窺外戶(9)면 當隱蔽其形하여 無使外人得見其身이니라

예(禮)에 따라, 남자는 바깥쪽에서 생활하고 여자는 안쪽에서 생활하며, 남자는 왼편을 따라 걷고 여자는 오른편을 따라 걸음으로써 각자가 서로 부딪치지 않기 때문에 무리를 달리한다(異群)고 한 것이다. 여자는 아무런 일도 없이 문이나 담장 밖을 엿봐서는 안 되며, 바깥마당으로 나가서도 안 된다. 어쩔 수 없이 바깥마당을 나갈 일이 있을 때는 수건이나 부채로 얼굴을 가려서 남자들이 그 얼굴을 보지

못하게 해야 한다. 그럴만한 이유가 있어서 반드시 문밖을 살펴볼 때는 반드시 그 몸을 숨겨서 외부 사람들이 그 몸을 보지 못하게 해야 한다.

* * * * *

(1) 異群(이군) : 무리를 달리하다. 즉, 남자와 여자가 서로 맞부딪치지 않고 각자 따로 생활을 하게 된다는 의미다.

(2) 窺外壁(규외벽) : 담이나 울타리 밖을 엿보지 않다. *窺(엿볼 규) *壁(벽 벽)

(3) 出外庭(출외정) : 바깥마당으로 나가다.

(4) 掩面(엄면) : 얼굴을 가리다. 즉, 남에게 보이지 않도록 하다. *掩(가릴 엄)

(5) 藏形(장형) : 형상을 감추다. 즉, 몸을 감춘다는 뜻이다. *藏(감출 장)

(6) 行從左(행종좌) : 왼편을 따라 걷다. 즉, 좌측통행을 의미한다.

(7) 不相犯(불상범) : 서로 범하지 않다. 즉, 서로 맞부딪치지 않는다는 뜻이다.

(8) 用巾扇以遮蔽(용건선이차폐) : 수건과 부채를 사용하여 가리다. 즉, 수건과 부채로 얼굴을 가려서 보이지 않게 한다는 뜻이다. *遮(막을 차) *蔽(덮을 폐)

(9) 窺外戶(규외호) : 집밖을 살피다.

5

男非眷屬[(1)]이어든 莫與通名[(2)]하며 女非善淑[(3)]이어든 莫與相親[(4)]이니 立身端正[(5)]이라사 方可爲人[(6)]이니라

남자 중에 식구가 아니면 더불어 이름을 통칭해서는 안 되며, 여자 중에 선량하고 현숙한 사람이 아니면 더불어 서로 친하게 지내서는 안 된다. 입신(立身)을 단정하게 해야 곧 사람답다고 할 수가 있다.

❑ 왕상 주

男子非兄弟至親이면 雖有大故[(7)]라도 言語之間에 不得通稱名字니라 女子非賢善柔淑이면 雖至戚이라도 亦不可與之常相親近이니라 恐累[(8)]己之德이 如此면 則立身이 端莊正大하여 方可以爲人矣니라

남자 중에 형제나 가까운 친척이 아니면 비록 그럴만한 큰 이유가 있다고 하더라도 말을 하는 중에 이름과 자(字)를 서로 통칭해서는

안 된다. 여자 중에 어질고 선량하고 유순하고 정숙한 사람이 아니면 비록 가까운 친척이라도 항상 서로 친하게 지내서는 안 된다. 자기의 덕을 조심조심 쌓아감이 이와 같으면, 곧 입신(立身)의 경지가 바르고 정대(正大)하게 되므로, 곧 사람다운 사람이라고 말할 수가 있게 된다.

* * * * *

(1) 眷屬(권속) : 권솔(眷率). 즉, 한 집에서 거느리고 사는 식구들을 말한다. *眷(돌아볼 권, 돌볼 권) *屬(엮을 속, 무리 속)

(2) 與通名(여통명) : 더불어서 함께 이름을 통하다. 즉, 서로 이름을 부른다는 뜻이다.

(3) 善淑(선숙) : 착하고 정숙하다. *淑(맑을 숙)

(4) 與相親(여상친) : 더불어서 함께 친하게 지내다.

(5) 端正(단정) : 바르다. *端(바를 단)

(6) 方可爲人(방가위인) : 바야흐로 사람답다고 할 수 있다. "爲人"은 "사람 됨됨이"를 말하는데, 여기서는 사람다운 사람을 가리킨다.

(7) 大故(대고) : 큰 이유. "故"는 "어떤 이유나 원인"을 의미한다.

(8) 恐累(공루) : 두려운 마음으로 쌓다. 즉, 조심조심 공을 들인다는 말이다. *恐(두려울 공) *累(쌓을 루)

제2장

일배우기

學作章

1

凡爲女子에 須學女工[(1)]이니 紉麻[(2)]緝苧[(3)]하되 粗細[(4)]를 不同[(5)]하며 車機[(6)]紡織[(7)]을 切勿匆匆이니라

무릇 여자 된 자는 반드시 여자의 손재주를 배워야 한다. 삼(麻)의 올을 잇고 모시의 올을 모아 잇되, 그 거친 것과 세밀한 것을 동일시하지 않으며, 물레와 베틀에서 베를 짤 때는 절대 바쁘게 서둘러서는 안 된다.

❑ 왕상 주

此章은 言女工之道라 蓋工爲女子四德[(8)]之一이니라 不可不學하고 知學[(9)]이면 而不可不勤也니라 紉은 搓輾[(10)]也라 苧는 緝麻[(11)]니라 紉其絲而緝之하여 以備織布也니라 麻苧二布는 各有粗細不同이라 而紉緝之間에 須純一如式[(12)]하여 不可有粗細之異也니라 紉緝既畢이면 則用紡車[(13)]로

紛其紗線[14]하고 然後에 穿引上機[15]하여 以織布疋[16]也니라 然紡織之間에 用工宜勤愼精工하여 疏密如式하여 不可匆忙而苟略[17]也니라

이 장에서는 여자의 솜씨에 대한 도(道)를 말하고 있다. 무릇 솜씨란 여자의 네 가지 덕목 중의 하나다. 배우지 않으면 안 되고, 배워서 할 줄 알게 되었으면 부지런히 일을 하지 않으면 안 된다. 인(紉)이란 비벼서 꼬는 것을 말한다. 모시(苧)란 경마(縩麻)를 말한다. 올을 잇고 그것을 모아 옷감 짤 준비를 한다. 삼베와 모시 이 두 가지 옷감은 각각 굵기가 다르다. 올을 이어 모을 때는 반드시 올의 굵기를 꼭 같이 하여, 그 굵기에 차이가 나게 해서는 안 된다. 올을 이어 모으는 일이 끝나면 물레로 그 올을 날고, 그런 후에 베틀에 올려 베를 짠다. 그리고 옷감을 짤 때는 솜씨를 다 해서 신중하고 꼼꼼하고 정교하게 해서 그 밀도를 한결같이 해야지, 바쁘게 서둘러 미봉책으로 대충해서는 안 된다.

* * * * *

(1) 女工(여공) : 여자의 솜씨. 즉, 여자가 손으로 할 수 있는 뛰어난 손재주를 말한다.

(2) 紉麻(인마) : 삼실을 잇다. *紉(바늘로 실을 꿸 인)

(3) 緝苧(집저) : 모시의 실을 이어 모으다. *緝(이을 집) *苧(모시 저)

(4) 粗細(조세) : 굵은 것과 가는 것. 즉, 올의 굵기를 말한다. *粗(거칠 조) *細(가늘 세)

(5) 不同(부동) : 같지 않다. 구분하여 다르게 한다는 뜻이다.

(6) 車機(거기) : 물레와 베틀. "車"는 "물레"를 말하고 "機"는 "베틀"을 가리킨다. *機(베틀 기)

(7) 紡織(방직) : 베를 짜다. *紡(실 뽑을 방) *織(짤 직)

(8) 四德(사덕) : 네 가지의 덕. 즉, 여자가 갖추어야할 네 가지 덕목인 부덕(婦德) · 부용(婦容) · 부언(婦言) · 부공(婦工)을 말한다.

(9) 知學(지학) : 배워서 할 줄을 알다.

(10) 搓輾(차전) : 비벼서 꼬다. *搓(비빌 차) *輾(구를 전)

(11) 絺麻(경마) : 어저귀. 이는 아욱과의 한해살이풀로, 백마(白麻)나 청마(靑麻)라고도 한다. *絺(어저귀 경)

(12) 純一如式(순일여식) : 순일함이 기준과 꼭 같다. "純一"은 "다른 것이 섞이지 않고 한 가지로만 되어 있는 것"을 말한다.

(13) 紡車(방거) : 물레. *紡(자을 방)

(14) 紛其紗線(분기사선) : 그 실올을 날다.
*紛(어지러울 분) *紗(외올실 사)

(15) 穿引上機(천인상기) : 실올을 끌어와 베틀에 올리다.

(16) 織布疋(직포필) : 베를 짜다. "布疋"은 "옷감"을 말한다. *織(짤 직)

(17) 苟略(구략) : 미봉책으로 대충하다. "苟"는 "구차하게, 미봉하다"는 의미이고, "略"은 "대략적으로, 대충"이라는 뜻이다.

2

看蠶煮繭[(1)]하야 曉夜相從[(2)]이니 採桑摘柘[(3)]하며 看雨占風[(4)]하여 滓濕[(5)]으란 即替하고 寒冷커든 須烘[(6)]하며 取葉飼食[(7)]하되 必得其中[(8)]하고 取絲經緯[(9)]하여 丈疋成工[(10)]이니라

누에를 보살피고 누에고치를 삶는 일은 새벽부터 밤늦게까지 계속해야 한다. 뽕잎을 따되 비가 오나 보고 바람이 불 것인가를 미리 알아보아야 한다. 누에똥이 차고 축축해지면 곧 자리를 바꾸어 주고 날씨가 추우면 불을 쬐어 주어야 한다. 잎을 따 와서 먹이로 줄 때는 반드시 적절하게 해야 하며, 실을 뽑아 날줄과 씨줄로 엮어 옷감 만드는 일을 완성시킨다.

❑ 왕상 주

此는 言蠶織之事니라 言男耕女織[(11)]이라한대 人之大務라 桑蠶之業[(12)]은 女子之專事[(13)]也라 養蠶繅繭之工[(14)]은 宜辛勤料理[(15)]라 早起夜眠[(16)]하고

不可懶惰[17]라 採桑柘之葉으로 以供蠶食하되 亮架飼食[18]하고 風雨宜謹이라 滓濕하면 卽替換其筐[19]하고 寒冷하면 則用炭火烘焙[20]이라 飼葉은 必按時[21]하고 晝夜均勻[22]하여 使之不傷於饑飽[23]하니라 蠶旣成[24]而繭繅其絲[25]以別經緯하여[26]織以爲丈疋[27]하면 則蠶織之工備[28]矣니라

여기서는 누에를 치고 명주를 짜는 일을 말하고 있다. 남자는 밭을 갈고 여자는 베를 짠다고 했는데, 이는 사람이 해야 할 중요한 임무다. 누에치는 일은 여자가 전적으로 맡아서 하는 일이다. 누에를 기르고 누에고치를 켜는 일은 아주 부지런히 몸을 놀려 일을 잘 처리해야 마땅하다. 아침에는 일찍 일어나고 밤에는 늦게 자도록 하여 게으름을 피워서는 안 된다. 뽕잎을 따다가 누에 먹이로 공급하되 날이 밝으면 먹이를 올려주고 비바람이 불 때는 삼가야 한다. 누에똥이 쌓이고 축축해지면 그 광주리를 바꿔주어야 하고, 날씨가 추우면 목탄 불을 피워 불을 쬐어 주어야 한다. 잎을 먹이로 줄 때는 반드시 정해진 시간에 따르고, 주야로 고르게 나누어 주어 배가 너무 고프거나 지나치게 부르게 하여 누에를 상하게 해서는 안 된다. 누에가 다 자라 고치를 만들게 되면, 실을 뽑아 날줄과 씨줄로 구별하여 이것을 짜면 옷감이 되는데, 이렇게 되면 곧 누에 치고 명주 짜는 작업이 다 마무리 되는 것이다.

* * * * *

(1) 看蠶煮繭(간잠자견) : 누에를 보살피고 누에고치를 삶다.
*蠶(누에 잠) *煮(삶을 자) *繭(고치 견)

(2) 曉夜相從(효야상종) : 새벽부터 저녁까지 서로 따른다. 즉, 아침 일찍부터 저녁 늦게까지 일을 쉬지 않고 연달아 계속한다는 의미다.

(3) 採桑摘柘(채상적자) : 뽕을 따고 산뽕을 따다. 즉, 뽕잎을 가려 따는 것을 말한다. "採桑"이나 "摘柘"도 모두 "뽕을 딴다"는 말인데, 여기서는 "桑"으로 일반적인 뽕을, "柘"로 산뽕을 구분하여 말하고 있다. *採(캘 채) *摘(딸 적) *柘(산뽕나무 자)

(4) 看雨占風(간우점풍) : 비가 오나 보고, 바람이 불 것인지 점치다. 즉, 날씨를 잘 관찰한다는 의미다. *占(점칠 점)

(5) 滓濕(재습) : 누에똥이 쌓이고 축축해지다. *滓(찌끼 재) *濕(젖을 습)

(6) 須烘(수홍) : 반드시 불을 쬐어 주다 .*烘(횃불 홍)

(7) 取葉飼食(취엽사식) : 잎을 취하여 먹이로 주다. 즉, 뽕잎을 따와서 그것을 누에섶에 먹이로 올려 준다는 뜻이다. *飼(먹일 사)

(8) 必得其中(필득기중) : 반드시 그 적중함을 얻다. 즉, 적당함을 유지하도록 해야 한다는 의미다.

(9) 取絲經緯(취사경위) : 실을 뽑아 날줄과 씨줄로 하다.
*經(날 경) *緯(씨 위)

(10) 丈疋成工(장필성공) : 한 장(丈) 한 필(疋)의 옷감 짜는 일을 완성시키다. "丈"과 "疋"은 길이를 재는 단위다. *疋(필 필)

(11) 男耕女織(남경여직) : 남자는 경작을 하고 여자는 베를 짠다.
*耕(밭갈 경) *織(짤 직)

(12) 桑蠶之業(상잠지업) : 누에치는 일. 원래 "桑蠶"이란 "누에"라는 뜻이지만, 여기서는 "누에치기"를 말한다.

(13) 女子之專事(여자지전사) : 여자의 전문적인 일. 즉, 여자가 전담하여 도맡아 하는 일을 말한다.

(14) 養蠶繅繭之工(양잠소견지공) : 누에를 기르고 누에고치를 켜는 작업. "養蠶"은 "누에를 치는 일"을 말하고, "繅繭"은 "누에고치를 켜는 일"을 말한다. "工"에는 "솜씨"라는 뜻도 있지만, 여기서는 "일, 작업"을 말한다. *繅(고치켤 소) *繭(고치 견)

(15) 辛勤料理(신근요리) : 고생스럽지만 부지런히 일하면서 일을 잘 처리하다. "料理"는 "일을 다스려 잘 처리하다"는 뜻이다.

(16) 早起夜眠(조기야면) : 일찍 일어나고 저녁에 잠잔다. 즉, 아침에 일찍 일어나고 저녁 늦게 잠잔다는 뜻이다.

(17) 懶惰(라타) : 게으르다. *懶(게으를 라) *惰(게으를 타)

(18) 亮架飼食(량가사식) : 날이 밝으면 먹이를 시렁에 걸어 먹인다. *亮(밝을 량) *架(시렁 가) *飼(먹일 사)

(19) 替換其筐(체환기광) : 그 광주리를 바꿔준다. 즉, 누에에게 먹이를 주는 누에채반을 다른 것으로 갈아준다는 뜻이다. *筐(광주리 광)

(20) 用炭火烘焙(용탄화홍배) : 탄불을 사용하여 불에 쬐어준다. 즉, 날씨가 너무 추우면 누에를 치는 방에 불을 피워준다는 뜻이다.
*炭(숯 탄) *烘(횃불 홍) *焙(불에 쬘 배)

(21) 必按時(필안시) : 반드시 시간에 따른다. 즉, 정해진 시간에 따라 뽕잎을 줘야 한다는 뜻이다.

(22) 晝夜均勻(주야균윤) : 주야로 고르게 나누어 준다.
*勻(고를 균, 나눌 윤)

(23) 不傷於饑飽(불상어기포) : 배가 고프거나 부르게 하여 해를 입히다. 즉, 먹이를 너무 오랫동안 주지 않아 배를 굶주리게 하거나 또는 먹이를 너무 많이 주어 배가 터지도록 해서 해를 입힌다는 뜻이다.
*饑(주릴 기) *飽(물릴 포)

(24) 蠶旣成(잠기성) : 누에가 이미 다 크다.

(25) 繭繅(견소) : 누에고치를 켜다.

(26) 別經緯(별경위) : 날줄과 씨줄로 나누어 만들다.

(27) 織以爲丈疋(직이위장필) : 베를 짜서 한 장(丈)이나 한 필(疋)의 옷감을 만든다.

(28) 蠶織之工備(잠직지공비) 누에를 치고 명주(明紬)를 짜는 일을 완비시키다.

3

輕紗[1]는 下軸[2]하고 細布[3]는 入筒[4]하며 綢絹苧葛[5]을 織造重重[6]하면 亦可貨賣[7]며 亦可自縫[8]이니라 刺鞋作襪[9]하고 引線繡絨[10]하며 縫聯補綴[11]에 百事가 皆通이니 能依此語하면 寒冷에 從容[12]하여 衣不愁破[13]하고 家不愁窮[14]하리라

가벼운 비단은 굴대에 말고, 가는 베는 둥글게 통처럼 해서 보관한다. 비단과 모시와 갈포를 거듭해서 짜 만들면 상품으로 판매할 수도 있고, 또 직접 옷을 만들어 입을 수도 있다. 신발을 만들고 양말을 만들며, 실로 가는 베에 수를 놓기도 하며, 연결해서 붙이고 떨어진 곳을 깁기도 할 수 있어 그 어떤 일이든 다 할 수가 있게 된다. 이 말을 따를 수만 있다면, 추위에도 아무 걱정이 없고, 옷이 해질까 걱정할

필요도 없으며, 집안이 가난할까 걱정하지 않아도 된다.

❑ 왕상 주

言紗本生絲軸脆[15]하면 則卷軸之[16]하고 細布는 則彙卷成筒[17]하여 而便於堆貯[18]也니라 布疋綢絹[19]은 重疊積聚[20]하고 貨賣以資日用[21]하며 餘者[22]는 造作衣裳하여 以御寒暑[23]하고 或有餘工[24]이면 造作鞋襪하니라 針指女工無所不習[25]이니 女子能依此訓면 則家道豐足[26]하고 而無窮乏之患[27]矣니라

여기서의 말은, 비단은 본래 실로 만든 것이기에 두루마리가 말랑말랑해지면 그것을 굴대에 단단히 말아 올리고, 가는 베는 함께 둘둘 말아 통처럼 만들어 쌓아두고 보관하는데 편리하게 한다는 말이다. 옷감으로 만든 명주는 차곡차곡 쌓아두었다가 그것을 팔아 일용할 경비로 쓰고, 남는 것은 옷을 만들어 추위와 더위를 막으며, 혹시 여가가 있어서 손재주를 부릴 수 있으면 신발이나 양말을 만든다. 바느질은 여자의 손재주를 연습하지 못할 것이 없음을 가리키니, 여자가 능히 이런 가르침을 따른다면 가정의 형편은 풍족하게 될 것이고 궁핍함으로 인한 근심은 없어지게 될 것이다.

* * * * *

(1) 輕紗(경사) : 가벼운 비단. 엷고 가는 견직물. *紗(비단 사)

(2) 下軸(하축) : 축에 내리다. 즉, 두루마리 굴대에 감는다는 말이다. *軸(굴대 축)

(3) 細布(세포) : 가는 베. 세마포.

(4) 入筒(입통) : 통에 넣다. 즉, 통처럼 말아서 감는다는 말이다. *筒(대롱 통)

(5) 綢絹苧葛(주견저갈) : 비단과 모시와 갈포(葛布). *綢(얽을 주) *絹(비단 견) *苧(모시 저) *葛(칡 갈)

(6) 織造重重(직조중중) : 베 짜기를 거듭하다. 즉, 부단하게 계속 베를 짠다는 말이다.

(7) 貨賣(화매) : 팔다. 즉, 상품으로 만들어 판매하다. *貨(재물 화)

(8) 自縫(자봉) : 스스로 꿰매다. 즉, 스스로 옷을 만든다는 뜻이다. *縫(꿰맬 봉)

(9) 刺鞋作襪(자혜작말) : 신발을 기워 만들고 양말(버선)을 만들다. *刺(찌를 자) *鞋(신 혜) *襪(버선 말)

(10) 引線繡絨(인선수융) : 실을 끌어당기며 고운 베에 수를 놓다. *繡(수 수) *絨(융 융)

(11) 縫聯補綴(봉련보철) : 연결을 시켜 꿰매고 기워서 잇다. 즉, 헝겊 조각을 붙여서 뭔가 쓸모 있는 것을 만들고, 해진 곳을 깁는다는 말이다. *聯(잇닿을 련) *補(도울 보) *綴(꿰맬 철)

(12) 從容(종용) : 침착(沈着)하고 덤비지 않음. 즉, 불안해 할 필요가 없다는 말이다.

(13) 衣不愁破(의불수파) : 옷이 해질까 걱정하지 않다. *愁(근심 수)

(14) 家不愁窮(가불수궁) : 집이 가난할까 걱정하지 않다.

(15) 軸脆(축취) : 두루마리가 말랑말랑해지다. *脆(무를 취)

(16) 卷軸(권축) : 굴대에 잘 말다.

(17) 彙卷成筒(휘권성통) : 모아서 말아 통처럼 만들다. *彙(무리 휘)

(18) 便於堆貯(편어퇴저) : 쌓아두고 보관하는데 편리하다.
*堆(쌓을 퇴) *貯(쌓을 저)

(19) 布疋綢絹(포필주견) : 옷감으로 만든 명주.

(20) 重疊積聚(중첩적취) : 중첩하여 차곡차곡 한 군데 쌓아두다.
*疊(겹쳐질 첩) *積(쌓을 적) *聚(모일 취)

(21) 貨賣以資日用(화매이자일용) : 팔아서 일용에 도움을 주다. 즉, 상품으로 만들어 판매를 하고, 그 돈으로 가정의 용돈으로 쓴다는 말이다.

(22) 餘者(여자) : 남은 것, 그 나머지.

(23) 御寒暑(어한서) : 추운 날씨와 더운 날씨를 막아주다.
*御(막을 어) *寒(찰 한) *暑(더울 서)

(24) 有餘工(유여공) : 여유롭게 솜씨를 보일 시간이 있다.

(25) 女工無所不習(여공무소불습) : 여자의 솜씨를 연습하지 못할 것이 없다. 즉, 여자의 솜씨를 얼마든지 뽐낼 수 있다는 말이다.

(26) 家道豐足(가도풍족) : 집안의 형편이 풍족하다. *豐(풍년 풍)

(27) 無窮乏之患(무궁핍지환) : 궁핍으로 인한 근심이 없다.
*窮(궁할 궁) *乏(가난할 핍)

4

莫學[(1)]懶婦[(2)]의 積小癡慵[(3)]하야 不貪女務[(4)]하고 不計春冬[(5)]이니 針線이 粗率[(6)]하여 爲人所攻[(7)]하며 嫁爲人婦[(8)]하여 恥辱門風[(9)]하며 衣裳破損하여 牽西遮東[(10)]할새 遭人指點[(11)]하여 恥笑鄕中[(12)]하나니 奉勸女子[(13)]하여 聽取言終[(14)]하노라

게으른 여자는 어려서부터 어리석고 게으른 습관을 쌓아 여자가 해야 할 소임에 힘도 쓰지 않고, 봄이나 겨울에 해야 할 일을 준비도 하지 않으며, 바느질이 꼼꼼하지 못하고 경솔하게 해서 다른 사람들에게 비평을 받고, 출가하여 남의 부인이 되어서는 그 가문의 좋은 풍습을 욕보이게 하며, 옷이 해지면 이쪽 것으로 끌어다가 저쪽 것을 막아보지만, 다른 사람들에게 손가락질을 당하고 마을에 웃음거리가 되는데, 이런 것은 배우지 말아야 한다. 여자에게 간곡히 권하는 바, 이 말을 평생토록 취하여 듣도록 하라.

❑ 왕상 주

積小는 猶言自小로 積成懶之性[(15)]하여 以致愚癡

也니라 機杼針指(16)는 女子之當務나 乃棄而不貪하고 春蠶冬醞(17)은 女子之當知나 乃廢而不計(18)하고 乃勉强(19)爲針線之事하면 則苟且粗率하여 爲父母所攻責하고 出嫁爲婦하여 爲舅姑所賤惡(20)하고 而辱及門風하여 貽羞父母矣(21)니라 婦女而不勤針線之事는 非惟不能照管舅姑夫子之衣(22)이니 卽自己衣裳도 亦破綻(23)而不能補綴(24)이라 牽西以遮東하고 提衿而露肘(25)하리니 豈不爲傍人이 持點談笑(26)하며 懶惰之名이 傳播於鄕黨(27)하여 爲女子者可不戒哉아 敬聽此言하여 而無忽也니라

작은 것을 쌓는다는 것(積小)은 어려서부터 게으른 습성을 쌓아 어리석게 됨을 말하는 것이다. 베를 짜고 바느질을 하는 것은 여자의 마땅한 소임이지만, 이것을 포기하고 해보려고 하지도 않으며, 봄에는 누에를 기르고 겨울에는 술을 빚어야 하는 것을 여자가 마땅히 알아야 하는 것이지만, 이를 그만 두고 아무런 계획도 세우지 않으며, 억지로 바느질을 시키면 아주 구차하고 거칠게 아무렇게나 해서 부모에게 질책을 당하고, 시집을 가서는 부인이 되어 시아버지와 시어

머니에게 천대와 미움을 받아, 그 치욕이 가문의 예의범절에까지 미치게 되어 부모를 부끄럽게 만든다. 부녀가 되어 바느질하는 일에 힘쓰지 않으면, 시부모와 남편의 옷을 맡아 책임질 수도 없을 뿐 아니라, 자기 자신의 옷이 닳아 해지고 터져도 기울 수가 없게 되며, 이쪽의 것을 끌어다가 저쪽의 것을 가린다고 해도 옷깃을 들면 팔꿈치가 드러나게 될 것이다. 옆에 있는 사람들이 이런 점을 지적하여 웃을 것이고 또 그 게으르다는 소문이 동네에 퍼지게 될 터이니, 어찌 여자된 자가 조심하지 않을 수 있겠는가? 이 말을 잘 듣고 소홀함이 없도록 해야 할 것이다.

* * * * *

(1) 莫學(막학) : 배우지 말라.

(2) 懶婦(라부) : 게으른 여자.

(3) 積小癡慵(적소치용) : 어릴 때 어리석은 것과 게으른 것을 배워서 쌓다. *癡(어리석을 치) *慵(게으를 용)

(4) 不貪女務(불탐여무) : 여자의 임무를 잘하려고 노력하지 않다.

(5) 不計春冬(불계춘동) : 봄과 겨울을 셈하지 않다. 즉, 봄과 여름에 해야 할 일에 대하여 아무런 계획을 세우지 않다.

(6) 粗率(조솔) : 꼼꼼하지 못하고 경솔하다.
*粗(거칠 조) *率(거느릴 솔)

(7) 爲人所攻(위인소공) : 다른 사람에게 공격을 당하다.

(8) 嫁爲人婦(가위인부) : 시집을 가서 남의 부인이 되다. *嫁(시집갈 가)

(9) 恥辱門風(치욕문풍) : 집안의 가풍이 치욕을 당하다.
*恥(부끄러울 치) *辱(욕되게 할 욕)

(10) 牽西遮東(견서차동) : 서쪽의 것을 끌어와서 동쪽의 것을 가리다. 즉, 임시변통을 하는 것을 말한다. *牽(끌 견) *遮(가릴 차)

(11) 遭人指點(조인지점) : 다른 사람에게 지적을 당하다. *遭(만날 조)

(12) 恥笑鄕中(치소향중) : 마을 안에서 웃음거리가 되다.

(13) 奉勸女子(봉권여자) : 여자들에게 받들어 권하다.

(14) 聽取言終(청취언종) : 말을 죽을 때까지 잘 듣다.

(15) 積成懶之性(적성라지성) : 게으른 습성을 쌓아서 만들다.

(16) 機杼針指(기저침지) : 베 짜기와 바느질 *機(베틀 기) *杼(북 저)

(17) 春蠶冬醞(춘잠동온) : 봄에는 누에를 치고 겨울에는 술을 빚어 담그다. *醞(빚을 온)

(18) 廢而不計(폐이불계) : 그만 포기를 하고 아무런 계획을 세우지 않는다.

(19) 勉强(면강) : 억지로.

(20) 爲舅姑所賤惡(위구고소천오) : 시아버지와 시어머니에게 천대를 당하고 미움을 받다.
*舅(시아버지 구) *姑(시어미 고) *賤(천할 천) *惡(미워할 오)

(21) 貽羞父母(이수부모) : 부모에게 부끄러움을 끼치다.
*貽(끼칠 이) *羞(부끄러울 수)

(22) 照管舅姑夫子之衣(조관구고부자지의) : 시부모의 옷을 맡아 관리하다. "照管"은 "맡아서 관리하다"는 뜻이다.

(23) 破綻(파탄) : 해지고 터지다. *破(깨뜨릴 파) *綻(옷 터질 탄)

(24) 補綴(보철) : 깁고 꿰매다. *補(기울 보) *綴(꿰맬 철)

(25) 提衿而露肘(제금이로주) : 옷깃을 들면 팔꿈치가 드러나다.
*衿(옷깃 금) *肘(팔꿈치 주)

(26) 持點談笑(지점담소) : 지적을 하면서 비웃어 말하다.

(27) 鄕黨(향당) : 마을. *鄕(시골 향) *黨(무리 당)

제3장

예의 배우기

學禮章

1

凡爲女子에 當知禮數[(1)]니 女客相過[(2)]어든 安排坐具[(3)]하여 整頓衣裳하여 輕行緩步하며 斂手[(4)]低聲하여 請過庭户하여 問候通時[(5)]하되 從頭稱敘[(6)]하여 答問殷勤[(7)]하되 輕言細語하고 備辦茶湯하여 迎來遞去[(8)]니라

무릇 여자 된 자는 마땅히 예절을 알아야 한다. 여자 손님이 지나다 들리게 되면, 앉을 때 필요한 도구들을 갖추어 놓고 의상을 잘 가다듬는다. 가벼운 걸음걸이로 천천히 걸으며, 손은 모으고 목소리는 낮추어 마당과 문을 지나오도록 청한다. 안부를 묻고 계절에 대한 얘기를 나누되 두서부터 차근차근 설명을 하고, 묻고 대답함을 은근하게 하며, 목소리를 가늘게 해서 말하고, 차와 탕을 준비하여 오는 사람은 맞이하고 가는 사람은 배웅을 해 준다.

❑ 왕상 주

此章은 言待客之道니라 男主於外하고 女主於內니라 男子待賓朋於廳堂[(9)]하고 女子待女客於內

室이 禮也니 然其禮數不可不知니라 如有女客未至之先에 灑掃內室하고 按排款坐之處[10]와 及飮食茶湯之具를 俱要預先整辦이니라 及其至也에 整肅儀容하고 理正其衣裳하고 端詳穩重[11]하고 輕步低聲하고 和顔悅色하여 迎請以至庭戶之中이니라 從容見禮[12]하고 敍坐[13]之後에 問其起居安否하고 候其間別之情하고 通其往來酬答之儀[14]하며 敍其寒暑時日之變이니라 言語之間에 次第有序[15]하고 應對隨方[16]에 和緩而不急遽[17]하며 輕盈[18]而不高聲이니라 茶湯香潔하고 酒食豐腆[19]하여 迎送獻酬[20]하고 安詳中禮[21]하여 待客之儀盡矣니라

이 장에서는 손님을 접대하는 방법을 말하고 있다. 남자 주인은 밖에서 일하고, 여자 주인은 안에서 일을 한다. 남자는 대청(大廳)에서 손님과 친구들을 접대하고 여자는 내실(內室)에서 여자 손님을 접대하는 것이 예의이기 때문에, 그러한 예를 모르면 안 되는 것이다. 예를 들자면, 여자 손님이 아직 도착하기 전에 먼저 내실을 물로 청소하며, 초대하여 앉을 장소와 차나 음료를 마실 도구들을 잘 마련해 놓

고, 모든 할 일들을 미리 다 해 놓는다. 그 손님이 도착하면 의용(儀容)을 정숙하게 하고, 그 옷매무새를 잘 매만져 정리를 하며, 바르고 차분한 마음으로 사뿐사뿐 걸음을 걸으며, 말소리는 낮추고 온화한 얼굴과 기쁜 안색으로, 마당과 문 중앙을 통해 들어오도록 맞이한다. 조용히 예의를 나누고 앉으라고 말한 후에 그 동안의 생활에 대해 묻고, 헤어져 있던 그 동안의 사정을 물어보고, 지난날의 사례에 대한 인사를 나누며, 춥다느니 덥다느니 하는 때의 변화에 대하여 이야기를 나눈다. 말을 할 때는 차례에 따라 차근차근 하며, 응대는 아주 방정하게 하고, 온화한 모습으로 차분하게 하되, 급하게 서두름이 없이 경쾌하고 여유롭게 하면서 높은 소리를 내지 않는다. 차나 음료는 향기롭고 깔끔하게 하며, 술과 음식은 풍성하게 하고, 영접을 하고 전송을 할 때는 잔을 주고받되, 차분하게 예의에 맞도록 해야 손님을 접대하는 예의를 다했다고 할 수 있다.

* * * * *

(1) 禮數(예수) : 명성이나 지위에 알맞은 예의와 대우, 혹은 주인과 손님이 서로 만나 인사를 하는 것을 말한다.

(2) 相過(상과) : 지나가는 길에 들리다. 여기서의 "相"은 한 쪽이 다른 한쪽에게 행하는 동작을 나타낸다. 따라서 "서로"라는 의미는 없다. "過"는 "들리다"는 뜻이다.

(3) 坐具(좌구) : 앉을 때 밑에 까는 방석.

(4) 斂手(렴수) : 두 손을 마주 잡고 공손히 서 있는 동작을 말한다.

(5) 問候通時(문후통시) : 안후(安候)를 묻고 때를 통하다. 즉, 안부를 물

으며 계절 인사를 나눈다는 의미다.

(6) 從頭稱敘(종두칭서) : 처음부터 적절하게 진술하다. 즉, 처음부터 차근차근 말을 해 간다는 의미다.

(7) 答問殷勤(답문은근) : 묻고 답하는 것을 은근하게 하다. "殷勤"은 "慇懃"과 같은 뜻으로, "태도가 겸손하고 정중하다"는 의미를 나타낸다.

(8) 迎來遞去(영래체거) : 오는 사람을 환영하고 가는 사람을 보내주다. *遞(갈마들 체)

(9) 廳堂(청당) : 대청.

(10) 款坐之處(관좌지처) : 머물러 앉아 있는 자리. "款"은 "머무르다, 유숙하다"는 의미다. *款(정성 관)

(11) 端詳穩重(단상온중) : 단정하고 침착하며 듬직하다. "端詳"은 "진중하고 조용하다, 단정하고 침착하다"는 뜻이고, "穩重"은 "언행 등이 차분하고 듬직하다"는 의미다. *穩(평온할 온)

(12) 從容見禮(종용견례) : 침착하게 예를 표하다. "從容"은 "서두르지 않고 여유가 있는 모습"을 말하며, "見禮"는 "만나서 인사를 하거나, 예를 표하는 것"을 말한다.

(13) 敍坐(서좌) : 앉으라고 말하다.

(14) 往來酬答之儀(왕래수답지의) : 지난날의 사례에 대한 예의. "酬答"은 "돈이나 예물 등으로 고마운 뜻을 나타내는 것"을 가리킨다.
*酬(갚을 수)

(15) 次第有序(차제유서) : 차서(次序)에 따라 차근차근.

(16) 應對隨方(응대수방) : 응대함은 방정함을 따른다. 즉, 대답을 할 때는 올바른 태도로 한다는 의미다. "方"은 "도리에 맞는, 올바른 모습"을 말한다.

(17) 和緩而不急遽(화완이불급거) : 온화하고 느긋하며 다급하게 서두르지 않다. *緩(느릴 완) *遽(갑자기 거)

(18) 輕盈(경영) : 가볍다. 〈輕盈〉은 "여성의 몸매나 동작 등이 호리호리하여 경쾌하고 유연함"을 말한다.

(19) 豐腆(풍전) : 풍성하다. "腆"은 "풍성하다, 음식을 많이 차리다"는 의미다. *腆(두터울 전)

(20) 迎送獻酬(영송헌수) : 사람을 맞이하거나 전송할 때 헌수(獻酬)를 하다. "獻酬"는 "잔을 올림"을 말한다.

(21) 安詳中禮(안상중례) : 차분하게 예의에 맞도록 한다. "中"은 "맞다, 바르다"는 의미다.

2

莫學他人의 擡身不顧[(1)]하고 接見依稀[(2)]하여 有相欺侮이니라

다른 사람들이 거만하게 몸을 치켜들고 거들떠보지도 않으며, 접견을 할 때는 건성건성 하고, 서로가 기만하고 깔보는 그런 모습은 배우지 말라.

❑ 왕상 주

言休學傲慢無禮之人이 見客之來나 待起不起[(3)]

하고 洋洋然[4]擡其身而不顧眄하며 接見怠傲하며 禮貌依稀而不週하며 言語之間에도 或欺其無知하고 或輕其貧賤하며 侮慢而不禮也니라

오만하고 무례한 사람은 손님이 온 것을 보고도 접대할 줄을 모른다. 대단한 사람처럼 몸을 곧추 세우고 거들떠보지도 않고, 접견을 하더라도 태만하게 하며, 예의를 지키는 것도 대충 하거나 주도면밀함이 없다. 말을 할 때도 그 사람의 무지함을 업신여기거나 혹은 그의 가난하고 천한 모습을 천대시하며 오만한 태도로 예를 지키지 않는데, 이런 것은 배우지 말라고 말하고 있다.

* * * * *

(1) 擡身不顧(대신불고) : 몸을 곧추 세우고 돌아보지 않다. 즉, 몸을 뻣뻣하게 세우고 주위 사람들에 대해서는 아무런 신경도 쓰지 않음을 가리킨다. *擡(들 대)

(2) 接見依稀(접견의희) : 접견하는 태도가 모호하다. 즉, 사람을 접견할 때 정성된 태도를 취하지 않고 데면데면 대한다는 의미다.

(3) 待起不起(대기불기) : 접대할 줄을 모르다. "待起"는 "대접하다".

(4) 洋洋然(양양연) : 매우 자신감이 있는 모양으로, 너무 지나치게 의기양양한 모습으로.

3

如到人家어든 當知女務니 相見傳茶[1]하고 即通事故[2]하고 說罷起身하여 再三辭去이니 主若相留하여 相筵待遇[3]어든 酒略沾唇하며 食無叉筯니 退盞辭壺[4]하여 過承推拒[5]니라

만일 남의 집에 갔을 때도 여자가 할 일을 알아야 한다. 서로 만나서 차를 나누게 되면, 얼른 자신이 오게 된 사유를 알리고, 이야기를 마쳤으면 일어나 두세 번 가봐야겠다고 인사를 드린다. 주인이 만약에 만류를 하면서 자리를 마련하여 대접을 하면, 술을 마실 때는 약간 입술만 적시고, 밥을 먹을 때는 젓가락을 엇갈리지 않게 하며, 잔은 뒤로 물리고 술병은 사양하고, 대접이 과도하게 계속되면 거절해야 한다.

❑ 왕상 주

婦女有事如到親戚之家에 當行女子所務之禮니라 如前待客之儀로 傳茶之後에 即通候敍故하고 言畢相辭니라 主若固留款待면 飲酒不致面紅하

고 匕筯不可叉亂(6)이니라 主若添盃면 起身遜辭하고 不得戀坐延遲(7)하여 有失禮節이니라

부녀자가 어떤 용건이 있어서 친척집에 갔을 때는 마땅히 여자가 행해야 할 예의를 지켜야 한다. 언제나처럼 손님을 접대하는 예의가 있고 차를 내오는 일이 끝나면 즉시 안부를 묻고 찾아온 이유를 밝히며, 이야기를 다 했으면 작별 인사를 드린다. 주인이 만일 진심으로 만류를 하면서 대접을 하면, 술은 얼굴이 붉어질 때까지 마시지 말고, 숟가락과 젓가락을 어지러이 사용해서는 안 된다. 주인이 만약에 첨잔을 하면 일어서서 겸손하게 사양을 하고, 그 접대 자리에 너무 오래 앉아 있는 것은 예절에 어긋난다.

*****

(1) 相見傳茶(상견전차) : 서로 만나 차를 나누다.

(2) 即通事故(즉통사고) : 곧 일의 연유를 통하다. 즉, 찾아오게 된 사정을 말하다.

(3) 相筵待遇(상연대우) : 자리를 마련하여 대우를 하다. 즉, 술자리를 마련하여 술을 대접하다. *筵(대자리 연)

(4) 退盞辭壺(퇴잔사호) : 술잔을 물리고 술병을 사양하다. 즉, 지나치게 술을 마시지 않도록 자제해야 한다는 의미다.
*盞(잔 잔) *壺(병 호)

(5) 過承推拒(과승추거) : 지나치게 계속 이어지면 밀어내며 거절하다. 즉, 술을 권함이 너무 지나치면 이를 사양하고 거절해야 한다는 의미다.

(6) 匕筯不可叉亂(시저불가차란) : 숟가락과 젓가락을 혼란스럽게 엇갈리게 해서는 안 된다. "叉亂"은 숟가락 젓가락을 바꿔가며 게걸스럽게 식사를 하는 것을 말한다.

(7) 攣坐延遲(련좌연지) : 연연하여 오래도록 앉아 있다. 즉, 술자리가 좋아서 떠날 줄도 모르고 오래오래 앉아 있다는 의미다.

4

莫學他人의 呼湯呷醋[(1)]하고 醉後顚狂하여 招人所惡하여 身未回家하여 已遭點汚니라

다른 사람들이 탕을 주문하여 술을 마시고, 취한 뒤에는 엎어진 채로 사리분별도 못해 남에게 미움을 사며, 집에도 채 돌아오기 전에 이미 더러움을 당하는 그런 모습을 배우지 말라.

❑ 왕상 주

切勿效小家婦女[(2)]니라 席間恣無禁忌하고 大嚼狂飮[(3)]하고 湯乾醋盡[(4)]而不知止니라 飮酒致醉하고 言語狂妄하니라 回家之時에 行步歪斜하고 衣

裳垢汚하니 如此女人이면 爲人所賤惡矣니라

못 배운 집안의 부녀자들을 본받지 말라. 그녀들은 접대하는 자리에서 너무 방자하여 금기사항도 지키지 않고 큰 소리로 음식을 먹으며 미친 듯이 마시는데, 탕이나 초를 바닥이 나도록 마시고도 그칠 줄을 모른다. 술을 마시면 취하도록 마시고, 말은 사리 분별도 없이 망령되게 한다. 집에 돌아올 때는 걸음걸이가 비틀거리고 옷은 더럽혀져 있는데, 이와 같은 여자들은 다른 사람들에게 천대를 받고 미움을 받게 된다.

* * * * *

(1) 呼湯呷醋(호탕합작) : 탕을 부르고 초를 마시다. 즉, 술안주로 국을 달라고 부탁을 하고 잔을 돌려가며 술을 맘껏 마신다는 의미다.
*呷(마실 합) *醋(초 초, 잔 돌릴 작)

(2) 小家婦女(소가부녀) : 가난한 집의 부녀자. 여기서는 제대로 배우지 못한 가정의 부녀자를 가리킨다.

(3) 大嚼狂飮(대작광음) : 두루두루 맛보며 미친 듯이 마시다. 즉, 게걸스럽게 미친 듯이 먹고 마신다는 의미다. *嚼(씹을 작)

(4) 湯乾醋盡(탕건초진) : 탕이 마르고 초가 다 하다. 즉, 술안주용 국그릇 바닥이 마르고, 술 주전자 바닥이 다 드러날 때까지 마신다는 의미다.

5

當在家庭하여 少游[1]道路니 生面[2]相逢이어든 低頭看顧[3]니라

마땅히 가정에 있어야 할 때는 길거리로 나가는 일을 삼가고, 서로 모르는 사람을 만났을 때는 고개를 숙이고 다른 쪽으로 시선을 돌려야 한다.

❑ 왕상 주

言女子宜不出戶庭하고 不可旅行道路니라 不得已而行이면 必遮蔽其面하여 無使生人[4]玩其顏色하고 是必低頭顧步하고 緩行而不失其儀니라

여자는 마땅히 집과 뜰 밖을 나가서는 안 되고, 길가에 나가 이리저리 돌아다니면 안 된다는 말이다. 어쩔 수 없이 나가야 할 때는 반드시 그 얼굴을 가리고, 생면부지의 사람들이 그 안색을 살펴볼 수 있게 해서는 안 되며, 반드시 고개를 숙이고 몸을 뒤로 돌려 걷고, 천천히 걸으면서 그 예의를 잃어서는 안 된다.

* * * * *

(1) 少游(소유) : 노는 일을 적게 하다. 즉, 밖으로 나가 노는 일을 삼가야 한다는 의미다. "游"는 "놀다"는 뜻의 "遊"와 같은 의미로 쓰인다.

(2) 生面(생면) : 낯설다, 생소하다. 즉, 생면부지(生面不知)라는 말이다.

(3) 低頭看顧(저두간고) : 고개를 숙이고 뒤를 보다.

(4) 生人(생인) : 생면부지의 모르는 낯선 사람.

6

莫學他人의 不知朝暮하고 走遍鄉村[1]하여 說三道四[2]하여 引惹惡聲하여 多招罵怒[3]하여 辱賤門風[4]하며 連累父母하며 損破自身하여 供他笑具[5]니 如此之人은 有如犬鼠일새 莫學他人의 惶恐羞辱하라

다른 사람들이 아침저녁도 분간 못한 채 마을을 이리저리 돌아다니면서 멋대로 이러쿵저러쿵 하며, 나쁜 소문을 야기하여 욕설과 노여움을 수없이 초래하고, 가풍을 욕되게 하여 부모님이 연루되게 하

며, 자신을 해치고 다른 사람들에게 웃음거리가 되기도 하는데, 이와 같은 사람은 개나 쥐와 같은 사람이니 배우지 말며, 다른 사람들이 두려워하고 무서워하며 수치스럽고 치욕스럽다고 여기는 것은 배우지 말라.

□ 왕상 주

莫學無知之女가 專好閒行[(6)]하고 不顧早晩하여 走串鄕村하고 恣言[(7)]談說是非而無忌憚이니라 至於東隣西舍하여 換口厮鬧[(8)]하고 惡言辱罵爭鬪하고 損傷顔面衣襟하여 玷辱[(9)]家門父母하며 破敗自己身名하여 以供傍人笑話니라 如此之人은 不如犬鼠니 有何益哉리오 戒尒女子하나니 切莫學此輩之人하여 自招惶恐羞辱也니라

무식한 여자를 배우지 말라. 그들은 오로지 사잇길로 다니기를 좋아하며, 아침이고 저녁이고 상관없이 온 동네를 쏘다니며 방자한 말로 시빗거리의 이야기들을 아무 거리낌 없이 해 댄다. 이쪽 동네 저쪽 동네 다니며 남의 쓸데없는 말이나 하면서 서로 소란을 피우고 나쁜 말로 욕을 하고 싸움을 하면서 얼굴과 옷을 더럽히고 가문과 부모를 욕먹게 하며, 자기의 몸과 이름을 망침으로써 옆 사람들의 웃음거

리가 된다. 이와 같은 사람은 개나 쥐보다 못하니 무슨 유익함이 있겠는가? 너희 여자들에게 타이르고 싶은 것은, 이런 사람들이 스스로 당황스럽고 부끄럽고 치욕스러운 일을 자초하는 것을 절대 배우지 말라는 것이다.

*****

(1) 走遍鄉村(주편향촌) : 시골 마을을 두루 달리다. 즉, 온 마을 구석구석을 헤매고 다니는 것을 말한다.

(2) 說三道四(설삼도사) : 삼을 말하고 사를 말하다. 즉, 마음대로 이러쿵저러쿵 하면서 다른 사람을 마구 평가하는 것을 말한다.
*道(길 도, 말할 도)

(3) 多招罵怒(다초매노) : 욕과 노여움을 많이 부르다. 즉, 욕을 듣고 노여움을 살 수 있는 일을 수없이 초래한다는 의미다. *罵(욕할 매)

(4) 辱賤門風(욕천문풍) : 문풍(門風)을 욕되고 천하게 만들다. 즉, 집안 대대로 내려오는 좋은 가풍을 망쳐놓고 만다는 의미다. "門風"은 "가풍(家風)"을 가리킨다.

(5) 笑具(소구) : 웃음의 도구. 여기서는 "비웃음거리"라는 의미로 사용되었다.

(6) 專好間行(전호간행) : 오로지 사잇길로 다니는 것을 좋아하다. "間行"은 "사잇길로 간다"는 의미다.

(7) 恣言(자언) : 마음대로 이야기하다. 방자하게 이야기하다.
*恣(방자할 자)

(8) 換口厮鬧(환구시료) : 이야기로 서로 시끄럽게 하다. 즉, 남에 대한 쓸데없는 말을 나누면서 소란을 피운다는 의미다. "換口"는 "말을 주고받다, 이야기를 나누다"는 뜻이고, "厮鬧"는 "서로 시끄럽게 하

다"는 뜻이다. *厮(하인 시) *鬧(시끄러울 료)

(9) 玷辱(점욕) : 더럽히고 욕되게 하다. "玷"은 "흠을 내다, 욕되게 하다, 더럽히다"는 뜻을 나타낸다. *玷(이지러질 점)

제4장

일찍 일어나기

早起章

1

凡爲女子에 習以爲常[(1)]이니 五更에 鷄唱이어든 起着衣裳하고 盥漱已了[(2)]에 隨意梳妝하고 揀柴燒火[(3)]하여 早下廚房하여 摩鍋洗鑊[(4)]하고 煮水煎湯이니라

무릇 여자 된 자는 배우는 일을 평소의 규칙으로 삼아야 한다. 오경(五更)에 닭이 울면 일어나 옷을 입고, 세수를 하고 양치를 마쳤으면 자기의 생각에 따라 머리를 빗고 단장을 하며, 장작을 골라 불을 지피고 일찌감치 부엌으로 들어가 냄비를 닦고 솥을 씻으며, 물을 끓이고 국을 데운다.

❑ 왕상 주

此章은 言早起之事니라 夙興夜寐[(5)]는 女子之常이니라 一日之計在寅[(6)]이요 早起則百事可備니라 禮에 曰 女子之道는 鷄初鳴着衣盥漱하고 先問安於父母니라 下廚覓柴火[(7)]하고 洗鍋鑊하고 煎烹

茶水하여 以進父母舅姑니라

이 장은 아침에 일찍 일어나는 일에 대하여 이야기하고 있다. 아침에 일찍 일어나고 저녁에 늦게 자는 것은 여자의 일정한 법도다. 하루의 계획은 새벽에 있으니, 일찍 일어나면 모든 일을 잘 준비할 수가 있다. ≪예(禮)≫에서 말하기를, 여자의 마땅한 도리는 첫닭이 울면 옷을 입고 세수와 양치를 하고 나서 먼저 부모에게 안부를 묻는 것이다. 그리고 부엌으로 가서 성냥을 찾아 불을 피우며 냄비와 솥을 씻고 차를 달여, 부모와 시부모께 바치는 것이라 하였다.

* * * * *

(1) 習以爲常(습이위상) : 익힘을 도(道)로 삼다. 즉, 일상생활 중의 모든 일들을 하나하나 배워가는 것을 평소의 규칙처럼 삼아야 한다는 말이다.

(2) 盥漱已了(관수이료) : 세수와 양치를 마치다. "盥漱"는 "세수를 하고 양치를 하다", "已了"는 "이미 마치다"는 의미다.
*盥(대야 관) *漱(양치질할 수)

(3) 揀柴燒火(간시소화) : 땔나무를 골라 불을 지피다.
*揀(가릴 간) *柴(섶 시) *燒(불사를 소)

(4) 摩鍋洗鑊(마과세확) : 냄비를 문지르고 솥을 씻다.
*摩(갈 마) *鍋(노구솥 과) *鑊(가마 확)

(5) 夙興夜寐(숙흥야매) : 아침에 일찍 일어나고 밤에 늦게 자다.
*夙(일찍 숙)

(6) 在寅(재인) : 인시(寅時)에 있다. 이는 새벽에 일찍 일어나야 한다는

말을 강조하기 위한 것이다. "인시"는 십이시(十二時)의 세 번 째 시요, 24시의 다섯째 시를 말하는데, 즉, 오전 3시 30분에서 4시 30분까지를 가리킨다.

(7) 下廚覓柴火(하주멱시화) : 부엌으로 내려가 성냥을 찾다. "下廚"는 "부엌으로 들어가다"는 의미며, "覓"은 "찾다", "柴火"는 "성냥"을 가리킨다. *廚(부엌 주) *覓(찾을 멱)

2

隨家豐儉[(1)]하여 蒸煮食嘗[(2)]하되 安排蔬菜하며 炮豉舂薑[(3)]하여 隨時下料하되 甜淡馨香[(4)]케하고 整齊碗碟하여 鋪設分張[(5)]하여 三飡飯食[(6)]을 朝暮相當케할지니 侵晨早起[(7)]하면 百事에 無妨하리라

가정 형편이 넉넉한지 가난한지에 따라 음식을 찌고 삶아 식사를 하고 맛을 보되, 채소를 잘 준비해 놓고 된장을 지지고 생강을 잘 다져서 적당한 때에 따라 이런 재료들을 넣도록 한다. 달콤하고 삼삼하고 향기롭게 하고, 주발과 접시를 질서정연하게 잘 펼쳐서 나누어 벌

려 놓고, 세 차례 먹는 밥을 아침저녁에 적당하게 해야 할 것이니, 새벽에 일찍 일어나면 모든 일들을 하는데 방해 될 것이 없을 것이다.

❑ 왕상 주

茶湯旣畢이면 早膳及時[(8)]니라 至於菜蔬에는 隨家有無하여 豐則豐盈하고 儉則省儉하니라 因時冷暖之宜하되 或蒸或煮하니라 而鹽豉椒薑은 各隨其性而下之[(9)]하고 以甜淡馨香爲度니라 潔靜椀碟하고 照人數分散均勻하고 務以豐滿者爲父母舅姑之膳이니라 三餐如式[(10)]을 習以爲常이니라 然後에 退執女工하면 庶無廢事[(11)]니라 蓋早起則百事攸爲[(12)]나 稍或延遲[(13)]면 則治食不能用工하고 用工則不能治食矣니라

차와 탕을 끓이는 일을 마쳤으면, 일찌감치 반찬을 준비하여 제 때에 올리도록 한다. 채소는 집에 있을 수도 있고 없을 수도 있으니, 많이 있을 때는 좀 풍족하게 하고, 없을 때는 좀 적게 한다. 계절이 추운지 따뜻한지에 따라 때로는 찌기도 하고 때로는 삶기도 한다. 소금과 된장과 산초와 생강은 각각 음식의 성격에 따라 넣도록 하되 달콤한지 삼삼한지 향기로운지를 그 기준으로 삼는다. 접시와 쟁반은 깨

끗하게 하여 사람 수대로 나누어 놓되, 부모님과 시부모님의 반찬은 풍성하게 하도록 힘쓴다. 세 끼를 항상 정해진 법도대로 하여, 그 습관을 평상시의 일과로 삼는다. 그런 후에 물러나와 여자가 따로 해야 할 일을 하면, 거의 못 할 일이 없게 된다. 무릇 일찍 일어나면 무슨 일이든지 느긋하게 할 수가 있지만, 조금이라도 여유를 부리다 늦어지면, 밥을 지을 수는 있어도 다른 일을 할 수가 없게 되고, 또 다른 일을 하게 되면 밥하는 일을 못하게 된다.

* * * * *

(1) 隨家豐儉(수가풍검) : 가정의 풍성함과 검소함을 따르다. 즉, 가정이 좀 넉넉한지 아니면 가난한지 그 형편에 따라 한다는 의미다. “儉”은 “가난하다”는 뜻이다.

(2) 蒸煮食嘗(증자식상) : 찌고 삶아서 맛을 보다. *蒸(찔 증) *煮(삶을 자)

(3) 炮豉舂薑(포시용강) : 된장을 지지고 생강을 다지다.
*炮(통째로 구울 포) *豉(메주 시) *舂(찧을 용) *薑(생강 강)

(4) 甜淡馨香(첨담형향) : 달콤하고 삼삼하고 향기롭다.
*甜(달 첨) *馨(향기 형)

(5) 鋪設分張(포설분장) : 펴서 진열하고 나누어 펼치다. 즉, 반찬을 담은 그릇들을 보기 좋게 잘 배열한다는 의미이다. *鋪(펼 포)

(6) 三飡飯食(삼찬반식) : 세 끼의 밥. “飡”은 “밥을 짓는 것”을 말한다.
*飡(저녁밥 손, 먹을 찬)

(7) 侵晨早起(침신조기) : 새벽에 일찍 일어나다. “侵晨”은 “동틀 무렵”, 즉, 새벽을 의미한다.

(8) 早膳及時(조선급시) : 아침 반찬을 때에 맞추다. 즉, 아침식사 때 먹을 음식을 정해진 시간에 만들어 올린다는 의미다. *膳(반찬 선)

(9) 隨其性而下之(수기성이하지) : 그 성질에 따라 넣다. 즉, 음식에 조미료나 재료를 사용할 때는 그 음식의 성격에 따라서 적당하게 넣는다는 의미다.

(10) 三餐如式(삼찬여식) : 세 끼를 기준과 같이 하다. 즉, 세 끼니 식사를 항상 평소의 규칙대로 행한다는 의미다. *餐(먹을 찬)

(11) 庶無廢事(서무폐사) : 거의 그만두는 일이 없다. 즉, 시간이 없거나 신경을 쓰지 못해서 할 일을 다 하지 못하는 경우가 없게 된다는 의미다.

(12) 百事攸爲(백사유위) : 모든 일을 여유 있게 하다. *攸(바 유)

(13) 稍或延遲(초혹연지) : 다소 혹 늦어지다. "稍"는 "조금", "延遲"는 "연장되어 늦어진다"는 의미다.
*稍(벼줄기끝 초) *延(끌 연) *遲(늦을 지)

3

莫學懶婦의 不解思量[(1)]하고 黃昏一覺[(2)]에 直到天光하여 日高三丈토록 猶未離床이라가 起來已晏[(3)]일새 却是慚惶[(4)]하여 未曾梳洗하고 突入廚房하되 容顏이 齷齪[(5)]하고 手脚이 慌忙[(6)]하여 煎茶煮飯을 不及時常이니라

게으른 여자는 생각도 없이, 황혼녘에 일단 잠이 들면 하늘에서 밝은 빛이 밝아오고, 해가 세 키 만큼이나 높이 떠오를 때까지도 오히려 잠자리에서 일어나지도 않는다. 기상을 했을 때 이미 시간이 늦어 있으면 그제야 부끄럽고 겁이 나서 채 빗질이나 세수도 하지 못하고 급히 부엌으로 들어간다. 얼굴에는 여유가 없고 손발은 허둥대며 조급히 서둘지만 차를 끓이고 밥을 짓는 일을 평상시의 시간에 맞추지 못하는데, 이런 모습은 배우지 말라.

❑ 왕상 주

懶婦不思日計하여 惟好貪眠하고 方黃昏而寢하여 日已高而不起니라 或被父母舅姑嗔責이면 慚惶無地[7]니라 不及梳洗而入廚房하니 容顏手足이 垢汚慌忙[8]하여 烹煮不能如式하고 茶飯不能及時니 蓋一懶之悞[9]而百工俱廢矣니라

게으른 부녀자는 하루의 계획에 대하여 생각이 없다. 오로지 잠자는 것에나 탐을 내어 겨우 황혼녘인데 잠자리에 들고, 해가 이미 높이 떴는데도 일어나지 않는다. 혹시 부모나 시부모에게 꾸중을 들으면 부끄럽고 겁이 나서 어쩔 줄을 몰라 한다. 빗질도 세수도 못하고 부엌으로 들어가지만 얼굴이나 손발은 더럽고 허둥대느라 조리하는 것도 제대로 못하고, 차와 밥을 제 시간에 차리지도 못하게 되는데, 한

번 게으름을 피운 잘못 때문에 다른 일들도 다 못하게 된다.

* * * * *

(1) 不解思量(불해사량) : 생각의 헤아림을 이해하지 못하다. 즉, 생각이 부족하다는 의미다.

(2) 黃昏一覺(황혼일교) : 황혼에 일단 잠이 들다. "覺"는 "睡覺"라고 할 때처럼 "잠을 잔다"는 의미다. *覺(깨달을 각, 잠깰 교)

(3) 起來已晏(기래이안) : 일어나는 것이 이미 늦었다. 즉, 너무 늦게 일어났다는 의미다. *晏(늦을 안)

(4) 却是慚惶(각시참황) : 결국 부끄러워 겁이 나다. "却是"는 "사실인 즉, 알고본 즉, 역시, 결국"이란 뜻을 낸다.
*慚(부끄러울 참) *惶(두려워할 황)

(5) 齷齪(악착) : 더럽고 지저분하다. "齷齪"은 주로 "사소한 것에도 아주 끈기 있는 모습"을 형용할 때 많이 활용되는 말이지만, 여기서는 "깨끗하지 않음"을 나타내는 의미로 쓰였다.
*齷(악착할 악) *齪(악착할 착)

(6) 慌忙(황망) : 마음이 몹시 급하여 당황하고 허둥지둥함. *慌(어렴풋할 황) *忙(바쁠 망)

(7) 慚惶無地(참황무지) : 부끄럽고 겁이 나서 처할 곳이 없다. 즉, 부끄럽기도 하고 두렵기도 하여 어찌할 줄을 모른다는 의미다.

(8) 垢汚慌忙(구오황망) : 더럽고 허둥대다. *垢(때 구) *汚(더러울 오)

(9) 一懶之悞(일라지오) : 한 번 게을렀던 잘못.
*懶(게으를 라) *悞(그릇할 오)

4

又有一等[1]이 餔餟爭嘗[2]하며 未曾炮饌[3]하여 先已偷藏이라가 醜呈鄕里[4]하고 辱及爺娘하여 被人傳說할새 豈不羞惶이리오

또 어떤 무리들은, 음식을 먹을 때 경쟁을 하듯이 맛을 보고, 아직 반찬을 만들기도 전에 먼저 훔쳐서 감추었다가 그 추악함이 마을에 드러나고, 그 욕됨이 부모에게까지 미쳐 다른 사람들에게 이야기가 전해지기도 하는데, 어찌 부끄럽고 당황스럽지 않겠는가?

❑ 왕상 주

又有好喫婦人은 飮食餔餟하고 必先嘗食하니라 食之不已요 又私偷藏하며 蓋以爲自享하며 不顧父母舅姑之饌이니라 或被尊長察覺이면 羞辱怒罵[5]하여 貽累[6]父母니라 好口不良[7]一至於此면 可勝笑哉인저

또 먹기를 좋아하는 어떤 부인은 음식을 먹을 때 반드시 자신이 먼저 먹고, 먹는 것으로만 그치지 않고 또 사사로이 몰래 감추기도 한다. 스스로 즐길 것만을 생각하고 부모나 시부모의 반찬은 아랑곳하지도 않는다. 혹시 어른에게 발각이 되면 수치를 당하고 욕을 먹게 되고, 부모님에게도 누를 끼치게 된다. 먹기만 좋아하는 불량한 습관이 이 지경에 이르면 그 비웃음을 이겨낼 수 있겠는가?

* * * * *

(1) 有一等(유일등) : 어떤 한 무리들. "有"는 "어떤", "等"은 "무리, 부류"의 뜻으로 쓰였다.

(2) 餔餟爭嘗(포철쟁상) : 음식을 먹을 때 앞을 다투어 맛을 보다.
*餔(새참 포) *餟(제사이름 체, 제사이름 철)

(3) 未曾炮饌(미증포찬) : 아직 반찬을 만들지 않다. "未曾"은 "아직 ~하지 않다", "炮饌"은 "반찬을 만들다"는 뜻이다.
*曾(일찍 증) *炮(통째로 구울 포) *饌(반찬 찬)

(4) 醜呈鄕里(추정향리) : 추악함이 시골 마을에 나타나다. 즉, 추한 모습을 마을에 드러내 보여주게 된다는 의미다.
*醜(추할 추) *呈(드릴 정)

(5) 羞辱怒罵(수욕노매) : 수치와 모욕과 성화와 욕설. 즉, 수치와 모욕을 당하고 노여움과 욕을 먹게 된다는 의미다. "怒罵"는 "성내어 욕하고 꾸짖는 것"을 말한다. *羞(부끄러울 수) *罵(욕할 매)

(6) 貽累(이루) : 누를 끼치다. "累"는 "폐를 끼치는 것"을 말한다.
*貽(끼칠 이) *累(여러 루)

(7) 好口不良(호구불량) : 입만 좋아하는 좋지 못한 모습. 즉, 자기 입에 들어가는 것만 생각하는 불량한 모습을 말한다.

제5장

부모 모시기

事父母章

1

女子가 在堂에 敬重爹娘[1]이니 每朝早起하여 先問安康하되 寒則烘火하고 熱則扇涼하며 饑則進食하고 渴則進湯하라

여자가 집에 있을 때는 아버지와 어머니를 존경하는 마음으로 귀중히 모셔야 한다. 매일 아침 일찍 일어나 먼저 건강하신지 안부를 여쭈고, 춥다 하시면 불을 피워드리며, 덥다 하시면 부채로 서늘하게 해드리고, 배가 고프다 하시면 음식을 차려 드리며, 목이 마르다 하시면 탕을 드린다.

❏ 왕상 주

此章은 言事父母之道니라 爲女子者는 每日早起하여 先問父母之安하여 寒則預備炭火하고 煖則扇其床薦하며 潔淨涼爽之處로 以待父母之起니라 饑餐渴飮[2]하여 各得其宜[3]니라

이 장은 부모님을 섬기는 도리에 대하여 말하고 있다. 여자 된 자

는 매일 일찍 일어나서 먼저 부모님의 안부를 여쭈도록 한다. 날씨가 추우면 탄불을 준비하고 더우면 잠자리에 부채질을 해 드리며, 깨끗하고 서늘하고 상쾌하게 처리해 놓고 부모님이 일어나시기를 기다린다. 배가 고프다고 하시면 음식을 드리고 목이 마르다 하시면 마실 것을 드려, 각각의 상황에 알맞도록 한다.

* * * * *

(1) 敬重爹娘(경중다랑) : 아버지와 어머니를 경중(敬重)하다. "敬重"은 "존경하고 중하게 여김"을, "爹娘"은 "아버지와 어머니"를 말한다.
*爹(아비 다) *娘(아가씨 랑, 계집 랑)

(2) 饑餐渴飮(기찬갈음) : 배가 고플 때 먹고 갈증이 날 때 마시다.
*饑(주릴 기) *餐(먹을 찬)

(3) 各得其宜(각득기의) : 각각 그 마땅함을 얻다. 즉, 경우마다 상황에 맞도록 대처를 해야 한다는 의미다.

2

父母가 檢責(1)이어시든 不得慌忙이니 近前聽取(2)하여 早夜思量하여 若有不是어든 改過從長이니라

부모님이 단속을 하고 책망을 하시면 당황하거나 조급해 하지 말고, 가까이 앞으로 나아가 말씀을 잘 듣고, 아침저녁으로 잘 생각을 해 보며, 만약에 옳지 않은 바가 있었으면 그 잘못된 것을 고치고 좋은 점을 따라야 한다.

❑ 왕상 주

或已有過愆하여 父母嗔責之면 不得强辯(3)이요 須從容敬聽하여 不得因此慌忙愆事니라 早夜思量自己過失如何하면 而後可以無過리라 如何而後可免父母嗔責이리니 必求改之而後已니라

혹시 잘못을 저질렀을 때, 부모님이 화를 내어 꾸짖으시면 강하게 변명하지 말고 조용히 경청을 해야 한다. 이런 일로 당황하고 허둥대다 보면 일을 망치게 되는데 그래서는 안 된다. 아침저녁으로 자기에게 무슨 잘못이 있었는지 잘 생각해 보면 그 뒤에는 실수가 없게 될 것이며, 어찌 되었든 뒤에 가서는 부모님의 진노와 질책을 면할 수가 있을 것이다. 반드시 잘못된 바는 고쳐서 이후에는 그런 일이 없도록 해야 한다.

* * * * *

(1) 檢責(검책) : 검사하고 책망하다. 즉, 해서는 안 될 일을 못하도록 단속하고 잘못한 일을 꾸중하는 것을 말한다.

(2) 近前聽取(근전청취) : 앞으로 가까이 가서 듣다. 즉, 부모님이 무슨 말씀을 하시면 가까이 앞으로 다가가서 그 말씀을 잘 들어야 한다는 말이다.

(3) 不得强辯(불득강변) : 강하게 변명하지 않다. "强辯"은 자기의 행위가 옳다고 강력하게 변명하는 것을 말한다.

3

父母言語를 莫作尋常[(1)]이니 遵依教訓하여 不可强良[(2)]이오 若有不諳[(3)]이어든 借問無妨이니라

부모님의 말씀을 대수롭지 않게 여기지 말라. 가르침을 그대로 따라 의지해야지, 억지로 잘 아는 체 하는 것은 옳지 않다. 만약에 이해가 되지 않는 것이 있으면 여쭈어 보는 것이 무방하다.

❑ 왕상 주

諳은 明習也니라 父母所教誨之言은 不可忽略이니 須體貼遵依[(4)]하여 不得强良違拗[(5)]에 自作聰明이니라 或有不明之處면 不妨從容借問父母니라

"안다(諳)"는 말은 "분명하게 익힌다"는 말이다. 부모님께서 가르쳐주신 말씀은 소홀히 해서는 안 되며, 반드시 그 의도를 잘 짐작하여 따르고 의지해야지, 억지로 잘난 척 하며 따르지 않고 고집을 부리며, 스스로 총명함을 부려서는 안 된다. 혹시 분명하게 이해가 되지 않는 점이 있으면 조용히 부모님께 여쭈어 보는 것도 무방하다.

* * * * *

(1) 莫作尋常(막작심상) : "莫作"은 "~을 하지말라"는 뜻을 나타내고, "尋常"은 "대수롭지 않고 예사로운 것"을 말한다. *尋(찾을 심)

(2) 不可强良(불가강량) : 억지로 훌륭한 체 하면 안 된다. "不可'는 "~해서는 안 되다, ~할 수 없다", "强良"은 "억지로 훌륭한 체 하다"는 뜻을 나타낸다.

(3) 若有不諳(약유불암) : 만일 알지 못하는 점이 있으면. "若有"는 "만일에 ~함이 있다면", "諳'은 "암송하다, 알다, 깨닫다"는 뜻이다.
*諳(욀 암)

(4) 體貼遵依(체첩준의) : 직접 따르고 의지하다. 즉, 부모님의 의도를 몸소 깨닫고, 그 말씀대로 행해야 한다는 의미다.
*貼(붙을 첩) *遵(좇을 준)

(5) 强良違拗(강량위요) : 억지로 훌륭한 척 하며 어긋나고 고집을 부리다. 즉, 자기의 생각이나 행동이 훌륭하다고 억지를 쓰며 부모님의 뜻을 어기고 고집을 부리는 것을 말한다. *違(어길 위) *拗(꺾을 요)

4

父母가 年老어시든 朝夕에 憂惶[1]하여 補聯鞋襪하며 做造衣裳하여 四時八節[2]에 孝養相當이니라

부모님이 연로하시면 아침저녁으로 근심하고 걱정하는 마음을 가지며, 신발과 버선을 기워드리고 옷을 만들어 드리며, 네 계절 여덟 절기 언제나 효도하고 봉양함이 마땅하다.

❏ 왕상 주

父母老邁[3]면 喜其高年壽考[4]하되 憂其光景無多[5]하여 時常照看其衣鞋하며 勿使破綻寒薄[6]하고 調理其飮食하여 勿令過飽過饑니라 四時八節에 致其宴樂하여 盡其孝養이니라 蓋少年遇節則喜나 老年遇節[7]則悲니 常恐良時不能再遇[8]니라 故로 逢時節에 務使奉養無虧하고 使其樂而忘老[9]라야 方可爲孝니라

부모님이 연로하시면 장수하는 것에 대해 기뻐하면서도 그런 모습이 오래 가지 못할 것을 걱정하며, 늘 옷이나 신발 등을 잘 보살펴 드려, 찢어지고 터져서 찬바람이 들지 않도록 하며, 그 음식을 잘 조절해 가면서 너무 과식을 하거나 너무 허기가 들게 하지 말아야 한다. 사시사철 여덟 절기 언제나 즐겁도록 해드려, 그 효도와 봉양을 극진히 해야 한다. 대개 젊은이는 좋은 절기를 만나게 되면 기뻐하지만, 노인들은 절기를 만나면 슬퍼하게 되는데, 이는 그 좋은 시절을 다시 만날 수 없을까봐 늘 걱정하기 때문이다. 그렇기 때문에 좋은 시절이 돌아오면 봉양에 부족함이 없도록 힘써, 그 즐거움으로 인하여 늙었다는 사실을 잊을 수 있도록 해 드려야 비로소 효도를 한다고 말할 수 있다.

* * * * *

(1) 憂惶(우황) : 근심스럽고 두려워하는 모양. *惶(두려워할 황)

(2) 四時八節(사시팔절) : 네 철과 여덟 절기. 즉, 1년 중의 춘하추동 사계절과 여덟 개의 주요 명절을 말한다. "八節"은 원래 한 해 동안에 있는 이십사절기(二十四節氣) 가운데 여덟 절기(節氣)로 입춘(立春)·춘분(春分)·입하(立夏)·하지(夏至)·입추(立秋)·추분(秋分)·입동(立冬)·동지(冬至)를 말하지만, 여기서는 주요 명절을 가리키는 것으로 보아야 할 것이다.

(3) 老邁(로매) : 나이가 많다. 즉, 부모님이 연로해 지다는 의미다. "老邁"는 일반적으로 "노쇠(老衰)하다"는 뜻을 가지고 있다.
*邁(갈 매)

(4) 高年壽考(고년수고) : 고령의 연세까지 장수하다. "高年"은 "고령",

"壽考'는 "장수하다"는 의미를 나타낸다.

(5) 光景無多(광경무다) : 풍경이 많지 않다. 이는 앞으로 아름다운 풍경을 감상할 기회가 많지 않다는 의미를 나타낸다. "光景"은 "경치나 풍경"을 말한다.

(6) 破綻寒薄(파탄한박) : 찢어지고 터져서 춥다. 즉, 옷 등이 찢어지거나 터져서 추위를 느낀다는 의미다. *破(깨뜨릴 파) *綻(옷터질 탄)

(7) 遇節(우절) : 절기를 만나다. 즉, 즐거운 명절이나 중요한 절기를 맞이한다는 의미다.

(8) 良時不能再遇(량시불능재우) : 좋은 때를 다시 만날 수 없다.

(9) 樂而忘老(락이망로) : 즐거워하며 늙어감을 잊다. 즉, 부모님이 인생을 즐겁게 살아가시느라고 당신이 늙어간다는 사실 자체도 잊어버림을 의미한다.

5

父母가 有疾이어시든 身莫離床하여 衣不解帶하고 湯藥親嘗하며 禱告神祇[(1)]하여 保佑安康이니라

부모님께 아픈 곳이 있으면, 몸을 병상에서 떠나지 말아야 하며, 옷의 허리띠도 풀지 않으며, 탕약은 직접 달여 맛을 보고, 신에게 빌고

기도하면서 건강을 보호해 드려야 한다.

❑ 왕상 주

或遇父母有疾이면 爲女者須朝暮不離床薦하고 衣不解帶而寢하며 目不交睫而睡[(2)]하고 湯藥必先嘗而後進이니라 敬心禱祝於神明하고 必先安復而後已니라

혹시 부모님한테 어디 아픈 곳이 있으면, 여자 된 사람은 반드시 아침저녁으로 그 병상을 떠나지 말아야 하며, 옷의 허리띠를 풀고 잠을 자서도 안 되고, 눈을 붙이고 잠을 자서도 안 된다. 탕약은 끓여 반드시 먼저 맛을 보고, 그렇게 하고 나서 탕약을 드리도록 한다. 공경하는 마음으로 신명께 빌며, 반드시 건강이 무사히 회복된 후에야 이런 일을 그만 두도록 한다.

* * * * *

(1) 禱告神祗(도고신기) : 신에게 빌고 알리다. 즉, 천지신명에게 부모님의 병을 낫게 해 달라고 기도함을 말한다. "神"은 일반적인 신을 말하고, "祗"는 땅에 있는 신을 가리킨다. *祗(공경할 지, 땅귀신 기)

(2) 目不交睫而睡(목불교첩이수) : 눈썹을 붙이지 않고 잠을 자다. 즉, 부득이 잠을 자야 할 때라도 깊이 잠에 빠져서는 안 된다는 의미다. *睫(속눈썹 첩)

6

設有[1]不幸하여 大數身亡[2]이어시든 痛入骨髓하며 哭斷肝腸이니 劬勞罔極하여 恩德難忘일새 衣裳裝殮[3]하며 持服居喪[4]하여 安埋設祭하고 禮拜家堂하며 逢周遇忌어든 血淚가 汪汪이니라

설혹 불행하여 대운(大運)에 따라 몸이 세상을 떠나게 되면, 그 슬픔이 뼛속을 파고들고 통곡으로 간장이 끊어질 듯하게 된다. 부모님의 수고가 끝없어 그 은덕을 잊기 어려우니, 옷을 갈아입히고 염을 하고 상복을 입고 초상을 치르며, 편히 매장을 하고 제사상을 차리며, 집 대청에서 예배를 드리고, 일주년이 되어 기일이 돌아오면 피눈물을 줄줄 흘리게 된다.

❑ 왕상 주

或不幸至于死亡이면 必須哀痛呼號하고 稽顙泣血[5]하며 常思父母劬勞之恩이 如天罔極이라 如有私財라도 不可因子女異念而改其孝心이요 必

須竭盡其力하여 以助兄弟之不及이니라 衣衾[6]棺槨과 隨身殯殮[7]之物을 必宜周愼詳明[8]하여 不可遺失이니라 持孝居喪[9]에 必誠必敬하고 葬祭之禮는 須要盡心時節이니라 周年忌日[10]에 必哀思哭泣하되 不可因爲女而廢其禮요 不可以已嫁而改其心이니라 方可謂生事盡力이요 死事盡思者也니라

혹시 불행하게도 세상을 떠나시게 되면, 반드시 애통하는 마음으로 곡을 하고, 슬피 울며 문상객들에게 답례로 절을 하며, 늘 하늘처럼 끝없이 수고하신 부모님의 은혜를 생각해야 한다. 만일에 사유재산이 좀 있더라도, 자녀들이 딴 생각을 품어 그 효심을 바꿔서는 안 된다. 반드시 최선을 다 해서 형제 중에 못 사는 사람을 도와주어야 한다. 옷이나 이불이나 관곽(棺槨), 그리고 염을 할 때의 물건 등은 반드시 신중하게 잘 챙겨서 하나도 빠진 것이 없도록 해야 한다. 효심으로 장례를 치르되, 반드시 진심을 다하고 반드시 공경을 다 하며, 장례와 제사를 지내는 예(禮)는 반드시 마음을 다 해 그 계절에 맞도록 한다. 일 년이 되어 기일이 되면, 반드시 슬픈 생각으로 곡을 하고, 여자라고 예를 안 지켜서는 안 되며, 이미 시집을 갔다고 그런 마음이 변해서도 안 된다. 무릇 살아서 모실 때는 최선을 다 했다고 할 수 있

어야 하고, 돌아가신 후의 섬김에는 뜻을 다 했다고 말 할 수 있어야 하는 것이다.

* * * * *

(1) 設有(설유) : 설혹, 만일에.

(2) 大數身亡(대수신망) : 운명으로 사람이 죽다. 즉, 사람이 살 수 있는 운명이 다하여 마침내 세상을 떠난다는 의미다. "大數"는 "운명, 숙명", "身亡"은 "사람이 죽는다"는 의미다.

(3) 裝殮(장렴) : 시신에 수의(壽衣)를 입히고 입관(入棺)을 하다. *裝(꾸밀 장) *殮(염할 렴)

(4) 持服居喪(지복거상) : 상복을 입고 상을 치르다. "持服"은 "상복을 입는다"는 뜻이고, "居喪"은 "상중(喪中)에 있다"는 말이다.

(5) 稽顙泣血(계상읍혈) : 피눈물을 흘리며 머리를 조아리다. 즉, 슬피 울면서 문상객들에게 답례하는 것을 말한다. "稽顙"은 "상주가 문상객에게 답례로 몸을 굽혀 절을 한다"는 뜻이고, "泣血"은 "피눈물을 흘리며 운다"는 뜻이다. *稽(머무를 계) *顙(이마 상) *泣(울 읍)

(6) 衣衾(의금) : 옷과 이불. 즉, 고인이 생전에 입던 옷과 이불을 가리킨다. *衾(이불 금)

(7) 殯殮(빈렴) : 염을 하다. *殯(염할 빈) *殮(염할 렴)

(8) 周愼詳明(주신상명) : 두루 신중하게 자세히 밝히다. 즉, 초상을 치를 때 부주의로 인하여 빠진 것이 없도록 주도면밀하게 챙긴다는 의미다.

(9) 持孝居喪(지효거상) : 효를 유지하며 상중에 거하다. 즉, 평소와 같이 변함없는 효도를 계속 유지하며 상을 치르는 것을 말한다.

(10) 周年忌日(주년기일) : 일주 년 기일. 즉, 부모님이 돌아가신 지 1년이 지난 후의 기일이 되었을 때를 말한다. *忌(꺼릴 기)

7

莫學忤逆[1]의 不敬爹娘[2]이니 纔出一語[3]하면 使氣昂昂[4]하며 需索陪送[5]하고 爭競衣妝[6]하며 父母가 不幸하면 說短論長[7]하고 搜求財帛[8]하여 不顧哀喪[9]하나니 如此婦人은 狗彘豺狼[10]이니라

뜻을 거스르는 자는 아버지와 어머니를 공경하지 않는다. 부모님이 겨우 한 마디 말을 하면 성질을 크게 부리고, 시집갈 때 함께 가져갈 물건이나 챙기며, 경쟁이나 하듯 옷단장을 한다. 부모님이 불행을 당하시면 잘함과 잘못함을 따지고, 재물과 비단을 뒤지고 찾느라 상을 당한 슬픔은 아랑곳하지도 않는데, 이런 점은 배우지 말라. 이와 같은 여자는 개 · 돼지 · 승냥이 · 이리와 같은 것이다.

❏ 왕상 주

言不賢之女는 不知孝敬父母하며 有訓不肯順從[11]이니라 少有責備면 便生氣憤[12]이니라 在家爭

競衣飾하고 索取嫁資(13)하며 出嫁則偏向夫婿(14)하고 不親父母니라 父母身故(15)면 則閑言絮語(16)하고 謗摘(17)兄嫂弟婦하고 搜索父母遺財하며 全無哀傷喪慽之容(18)이니라 如此之女는 眞如豺狼之惡이요 豬狗之不如矣니라

어질지 못한 여자는 부모님에게 효도할 줄도 공경할 줄도 모르고, 가르침이 있어도 순종하려고 하지 않는다는 이야기다. 드물게 꾸중을 한 번 하면 곧 화를 내곤 한다. 출가 전에 집에 있을 때는 옷이나 장식에만 신경을 쓰고, 시집갈 때 가지고 갈 물건이나 챙기며, 시집을 가서는 남편에게만 편향되어 부모님과는 가까이 하지도 않는다. 부모님이 돌아가시면 쓸데없는 말이나 수다를 떨고, 친정의 손위 형님이나 손아래 동생을 비방하며, 부모님의 남은 재산이나 찾아내려고 하면서, 슬픈 모습은 조금도 보이지 않는다. 이와 같은 여자는 진실로 승냥이와 이리 같으며, 돼지나 개보다도 못하다.

* * * * *

(1) 忤逆(오역) : 거스르다. *忤(거스를 오)

(2) 爹娘(다낭) : 아버지와 어머니. 즉, 부모님을 가리킨다.
*爹(아비 다) *娘(아가씨 낭, 계집 낭)

(3) 纔出一語(재출일어) : 겨우 한 마디 말을 하다. *纔(겨우 재)

(4) 使氣昂昂(사기앙앙) : 버럭 화를 내는 것이 당당하다. 즉, 자기의 감정

을 억제하지 못하고 기세등등하게 화를 내는 것을 말한다. "使氣"는 "버럭 화를 내다, 감정적으로 일을 처리하다"는 뜻이고, "昂昂"은 "기세나 정신 등이 기백이 있는 것"을 말한다. 그리고 "氣昂昂"은 태도가 "왕성하고 위풍당당하다"는 뜻을 나타낸다.

*昂(오를 앙)

(5) 需索陪送(수색배송) : 배송(陪送)할 것을 찾다. 즉, 시집갈 때 가지고 갈 물건들을 챙긴다는 뜻이다.

(6) 爭競衣妝(쟁경의장) : 경쟁을 하듯이 옷단장을 하다. 판본에 따라 〈競〉이 〈兢〉으로 되어 있기도 하지만 내용적으로 보아 〈競〉이 옳을 것으로 판단되어 여기서는 〈競〉으로 풀이한다.

*競(겨룰 경) *妝(꾸밀 장)

(7) 說短論長(설단론장) : 짧다고 말하고 길다고 논하다. 즉, 이것이 잘못되었다느니 저것이 잘되었다느니 하면서 비평함을 말한다.

(8) 搜求財帛(수구재백) : 재물과 비단을 찾아 구하다.

(9) 不顧哀喪(불고애상) : 상을 당한 슬픔은 돌아보지 않는다. "不顧"는 "돌아보지 않다, 아랑곳하지 않다"는 뜻이고, "哀喪"은 "상을 당하여 슬퍼하다"는 뜻이다.

(10) 狗彘豺狼(구체시랑) : 개와 돼지와 승냥이와 이리. *狗(개 구) *彘(돼지 체) *豺(승냥이 시) *狼(이리 랑)

(11) 有訓不肯順從(유훈불긍순종) : 가르침이 있으나 순종하려고 하지 않다. "不肯"은 "~하려고 하지 않다"는 뜻으로 쓰인다.

(12) 便生氣憤(변생기분) : 곧 화와 분노가 생기다. 즉, 화를 낸다는 말이다. *便(편할 편, 곧 변)

(13) 索取嫁資(색취가자) : 시집갈 밑천을 찾아 취하다. 즉, 시집갈 때 가지고 갈 물건들을 미리 챙긴다는 의미다.

(14) 偏向夫婿(편향부서) : 부서(夫婿)에게 기울다. 즉, 남편에게만 편향된다는 말이다. "夫婿"는 "남편"이란 말이다. *婿(사위 서, 남편 서)

(15) 身故(신고) : 몸이 죽다. 즉, 사망한다는 의미다.

(16) 閑言絮語(한언서어) : 쓸데없는 말과 수다. "閑言"은 "실없는 말이나 중요하지 않는 말, 쓸데없는 말"을 가리키며, "絮語"는 "수다스럽게 말하다, 재잘거리다"는 뜻이다. *絮(솜 서)

(17) 謗摘(방적) : 비방하다. *謗(헐뜯을 방) *摘(딸 적)

(18) 喪慽(상척) : 슬퍼하는 모습. *慽(근심할 척)

제6장

시부모 모시기

事舅姑章

1

阿翁[(1)]과 阿姑[(2)]는 夫家之主니라 既入他門[(3)]일새 合稱[(4)]新婦니라 供承看養[(4)]을 如同父母니라

시아버지와 시어머니는 남편 집 주인이다. 일단 남의 가문에 들어가게 되면 신부의 예에 합당하게 해야 한다. 공손하게 받들어 모시며 보살피고 봉양함을 친부모처럼 해야 한다.

❑ 왕상 주

此章은 言事舅姑之禮로 舅姑乃夫之父母요 一家之主也니라 女子從夫於舅姑之前에 當盡新婦之禮니라 敬事恭承을 亦如父母之禮也니라

이 장은 시부모 모시는 예절을 이야기하고 있다. 시부모는 곧 남편의 부모요 한 가정의 주인이다. 여자가 시부모 앞에서 남편을 따를 때는 마땅히 신부의 예절을 다해야 한다. 공경하는 마음으로 모시고 공손한 태도로 따르는 것 역시 친정 부모에게 행하던 예와 똑 같이 한다.

* * * * *

(1) 阿翁(아옹) : 시아버지.

(2) 阿姑(아고) : 시어머니.

(3) 他門(타문) : 남의 가문. 즉, 본문에서는 남편의 가문을 가리킨다.

(4) 合稱(합칭) : 합치되다. 즉, 합당한 행동을 해야 한다는 의미다. "稱"은 "알맞다, 부합하다"는 뜻으로 쓰였다.

(5) 供承看養(공승간양) : 공손하게 받들어 보살피고 봉양하다. "供承"은 "공손하게 받들다"는 의미이고, "看養"은 "부양하다"는 뜻이다.

2

敬事阿翁하되 形容을 不覷[(1)]하며 不敢隨行[(2)]하며 不敢對語[(3)]하고 如有使令이어시든 聽其囑咐[(4)]니라

시아버지를 정중히 섬기되, 얼굴을 똑바로 쳐다보아서는 안 되고, 감히 따라다녀서도 안 되며, 감히 정면으로 맞받아 말을 해서도 안 된다. 만일에 시키는 일이 있으면 그 말을 잘 들어야 한다.

❏ 왕상 주

新婦於阿翁之前에 低眉下氣(5)하여 不敢仰視其形容하며 不敢追隨(6)其行步니라 如有語言면 側侍而聽하고 從容對答하며 不敢對翁之面而語니라 如有使令이면 委婉(7)聽從하여 依其囑咐而無違悞(8)니라

신부가 시아버지 앞에 있을 때는 눈을 내려 뜨고 기분을 차분하게 해서, 감히 시아버지의 얼굴을 똑바로 올려 보아서도 안 되며, 시아버지의 걸음걸이를 따라가서도 안 된다. 만약에 할 말이 있으면 곁에서 시중을 들면서 듣고 있다가 조용히 대답하고, 감히 시아버지 얼굴을 맞대고 말을 해서는 안 된다. 만일에 무슨 일을 시키면 예쁜 모습으로 듣고 따르며, 그 분부에 따라야지 그것을 위배하거나 그르쳐서는 안 된다.

* * * * *

(1) 不覩(불도) : 보지 않다. 즉, 눈을 크게 뜨고 시아버지 얼굴을 똑 바로 쳐다보아서는 안 된다는 의미다. *睹(볼 도)

(2) 隨行(수행) : 따라가다. *隨(따를 수)

(3) 對語(대어) : 대응하여 말하다. 즉, 시아버지의 말에 하나하나 맞받아 대꾸하는 것을 말한다.

(4) 囑咐(촉부) : 부탁하고 분부하다. 즉, 시아버지가 시키는 일을 말한다.

(5) 低眉下氣(저미하기) : 눈썹을 낮추고 기(氣)를 낮추다. 즉, 시선을 아래로 하고 호흡이나 감정을 억누른다는 의미다.

(6) 追隨(추수) : 따라가다.

(7) 委婉(위완) : 부드럽다. 즉, 말을 부드럽고 완곡하게 하는 것을 말한다. *婉(순할 완)

(8) 無違悞(무위오) : 어긋나거나 그릇됨이 없다.
*違(어길 위) *悞(그릇할 오)

3

姑가 坐則立이라가 使令이어시든 便去하며 早起開門하되 莫令驚忤[(1)]하고 灑掃庭堂하며 洗濯巾布하며 齒藥과 肥皂[(2)]를 溫凉[(3)]이 得所[(4)]케하고 退步階前하여 待其浣洗[(5)]하여 萬福一聲[(6)]하고 即時退步하니라

시어머니가 자리에 앉아 계시면 서 있다가, 분부를 하시면 얼른 그 일을 하러 가고, 일찍 일어나 문을 열되 놀라게 하지 말며, 뜰과 대청에 물을 뿌리고 청소를 하고, 수건을 깨끗이 씻으며, 치약과 비누를

갖춘 세숫물을 따뜻하고 서늘한 정도로 알맞게 해 놓고, 계단 앞으로 물러나 다 씻으시기를 기다렸다가 만복을 비는 문안 인사를 한 번 드리고 즉시 물러난다.

❏ 왕상 주

姑坐則婦侍立於側이라가 有所使喚[7]이면 卽去莫違니라 每早起時에 開門動戶하되 莫使響動有聲[8]이니 恐其驚覺[9]舅姑之寢이니라 用水灑地하고 掃淨內庭하며 淨洗手巾展布[10]하여 以待日用이니라 舅姑當起洗面之時에 預煖面湯[11]하고 安排巾布齒灰[12]肥皂之具니라 至于面湯에 須用溫煖預待하되 不可過熱[13]이요 不可停冷[14]이니라 送至舅姑之所하고 退立以待其盥洗[15]니라 旣畢이면 問其安否하고 退入廚堂하여 治辦[16]茶飯이니라

시어머니가 앉아계시면 며느리는 그 옆에 모시고 서 있다가 시키는 일이 있으면 곧바로 가되 어기는 일이 없어야 한다. 매일 아침 일찍 일어나면 문을 열되 소리가 나지 않도록 해야 하는데, 이것은 시부모

님이 주무시다가 놀라 깰까봐 그러는 것이다. 바닥에 물을 뿌리고, 안마당을 깨끗이 쓸고, 수건은 깨끗이 씻은 후에 잘 널어서 날마다 쓸 수 있도록 준비를 해 둔다. 시부모께서 일어나서 세수를 하실 때는 세숫물을 따뜻하게 준비해 두고, 수건과 치약과 비누 등을 마련해 놓는다. 세숫물은 반드시 따뜻한 물로 준비를 하되, 너무 뜨거워도 안 되고 차가워도 안 된다. 이것을 시부모님이 계시는 곳까지 갖다드리고 뒤로 물러나와 서서 세수가 끝나기를 기다린다. 세수가 끝나면 안부를 여쭈어보고 물러나 부엌으로 들어가서 차와 밥을 준비한다.

* * * * *

(1) 莫令驚忤(막령경오) : 놀라서 갈피를 잡지 못하게 하지 말라. 즉, 시어머니가 너무 놀라게 하지 말라는 말이다.
*驚(놀랄 경) *忤(거스를 오)

(2) 肥皂(비조) : 비누. *皂(하인 조)

(3) 溫凉(온량) : 따뜻함과 서늘함. 즉, 물의 온도를 말한다.

(4) 得所(득소) : 자리를 얻다. 즉, 이 말은 "득기소(得其所)"의 준말로, 있어야 할 알맞은 곳에 있다는 의미다.

(5) 待其浣洗(대기완세) : 씻기를 기다리다. 즉, 시어머니가 세수를 다 마칠 때까지 기다린다는 의미다. *浣(빨 완)

(6) 萬福一聲(만복일성) : "만복"이라고 한 번 소리를 내다. 즉, 고대에는 각종 경우에 따라 복을 비는 축원으로 "만복"이라고 했던 것으로 보이나, 왕상은 "안부를 묻는 것"으로 풀이하였다.

(7) 有所使喚(유소사환) : 시키고 부르는 바가 있다. 즉, 심부름을 시키는 일이 있다는 말이다. "使喚"은 원래 잔심부름을 시키기 위하여 관청이나 가게 같은 데서 고용하여 부리는 사람을 말하거나, 혹은 그

사람에게 시키는 심부름을 말한다. *喚(부를 환)

(8) 莫使響動有聲(막사향동유성) : 기척을 하여 소리가 나도록 하지 말라. "響動"은 "기척, 동정(動靜)"을 말한다.

(9) 恐其驚覺(공기경각) : 놀라서 깰까 걱정하다. "驚覺"은 "놀라서 깨다"는 말이다.

(10) 淨洗手巾展布(정세수건전포) : 수건을 깨끗이 씻어 잘 펼쳐 놓다.

(11) 預煖面湯(예난면탕) : 얼굴 씻을 물을 미리 따뜻하게 해 놓다. "面湯"은 "세숫물"이란 뜻이다.

(12) 巾布齒灰(건포치회) : 수건과 치약. "齒灰"는 "치약"을 가리킨다.

(13) 過熱(과열) : 너무 뜨겁다. 즉, 세숫물이 너무 뜨겁다는 말이다.

(14) 不可停冷(불가정랭) : 차갑게 해서는 안 된다.

(15) 待其盥洗(대기관세) : 세수가 끝나기를 기다리다. "盥洗"는 "세수하는 것"을 말한다. *盥(대야 관)

(16) 治辦(치판) : 다스리고 처리하다. 즉, 주방에서 차를 끓이고 밥하는 등의 일을 잘 한다는 의미다.

4

整辦茶盤(1)하며 安排匙筯(2)하며 香潔(3)茶湯하여 小心敬遞(4)하되 飯則軟蒸(5)하고 肉則熟煮(6)니 自古老人이 齒牙疏蛀(7)할새며 茶水羹湯으로 莫教虛度(8)니라

다반(茶盤)은 가지런히 해 놓고 수저는 잘 차려놓으며, 차와 국물은 향기롭고 정결하게 끓여서 조심조심 공경하는 마음으로 올리되, 밥은 부드럽게 찌고, 고기는 푹 잘 삶아야 한다. 이는 옛날부터 노인들의 치아가 듬성듬성하거나 벌레가 먹었기 때문이다. 차나 국물을 드시는데 허기가 들지 않도록 해야 한다.

❑ 왕상 주

旣入廚下에 收拾洗抹(9)茶盤碗碟(10)匙筯하고 茶湯務要潔淨馨香(11)하여 小心恭敬奉於舅姑니라 飯宜軟蒸勿硬하고 肉宜熟煮勿生이니라 當念(12)年老之人은 齒牙가 稀疎蛀蛭(13)而不堅하니 宜軟而不宜硬也니라 一日之間(14)에도 隋時豐儉하여 須要勤奉茶湯餠果하며 當念老人日長腹空하니 不虧虛度(15)也니라

부엌으로 들어가서는 다반(茶盤)과 대접과 접시와 수저를 수습하여 깨끗이 씻고, 차는 깨끗하고 향기롭게 하도록 힘써, 조심조심 존경하는 마음으로 시부모님께 올린다. 밥은 반드시 부드럽게 쪄야지 너무 딱딱하게 하지 말고, 고기는 푹 삶아서 덜 익은 곳이 없도록 해야 한다. 연세가 많으신 분은 치아가 듬성듬성하거나 벌레가 먹어 단단

하지 못하다는 사실을 염두에 두고, 고기는 연하게 하여 너무 딱딱하게 하지 말아야 한다. 하루에도 수시로 양을 조절해 가면서 차와 다과를 부지런히 올리되, 노인들은 하루해가 너무 길면 배가 고플 수 있다는 것을 염두에 두고 허기가 차지 않도록 해야 한다.

* * * * *

(1) 整辦茶盤(정판다반) : 다반을 가지런하게 해 놓다.

(2) 匙筯(시저) : 숟가락과 젓가락.

(3) 香潔(향결) : 향기롭고 정갈하다.

(4) 敬遞(경체) : 공경함으로 전하다. 즉, 정성을 다하여 공경하는 마음으로 시부모께 차나 국물을 올리는 것을 말한다. *遞(갈릴 체)

(5) 軟蒸(연증) : 연하게 찌다.

(6) 熟煮(숙자) : 익도록 삶다. 즉, 푹 삶는다는 의미다. *煮(삶을 자)

(7) 疏蛀(소주) : 듬성듬성하고 벌레가 먹다. 즉, 노인들의 치아가 중간중간 빠지고 없어서 듬성듬성하며 또 벌레 먹은 충치가 많다는 의미다. *疏(성길 소) *蛀(나무좀 주)

(8) 莫教虛度(막교허도) : 공허한 정도가 되지 않도록 하다. 즉, 시부모께 차나 다과를 제 때에 드리지 못해 허기를 느낄 정도까지 가지 않도록 해야 된다는 의미다. "教"는 사역동사로 쓰였다.

(9) 收拾洗抹(수습세말) : 수습하여 씻다. 즉, 사용한 물건들을 전부 주방으로 가지고 와서 깨끗이 설거지를 한다는 의미다.
*抹(바를 말, 문지를 말)

(10) 碗碟(완접) : 주발과 접시. *碗(주발 완) *碟(가죽 다룰 설, 접시 접)

(11) 潔淨馨香(결정형향) : 깨끗하고 향기롭다. "潔淨"은 "깨끗하다. 깔끔하다. 청결하다", "馨香"은 "향기롭다, 향긋하다"는 의미다.
*馨(향기 형)

(12) 當念(당념) : 마땅히 ~ 할 것을 생각해야 한다.

(13) 稀疎蛀蛭(희소주질) : 드물고 벌레가 먹다. "稀疎'는 "희활(稀闊)"과 같은 의미로, 소식이 드문드문하거나 틈이 성긴 것을 나타낸다. 그리고 "蛀蛭" 중의 "蛀"는 "좀이 먹다"는 뜻이고, "蛭"은 "거머리"를 나타내기도 하고 또 "개밋둑"을 나타내기도 하는데, "개밋둑"이란 개미가 땅속에 집을 짓기 위해서 파낸 흙가루가 땅 위에 두둑하게 쌓인 것을 말하는데, 여기서는 이 두 글자로 "충치"를 설명하고자 한 것이다. *蛭(거머리 질)

(14) 日長腹空(일장복공) : 해는 길고 배는 텅 비다. 즉, 낮 시간이 긴 때 배가 고픈 것을 말한다. *腹(배 복)

(15) 不虧虛度(불휴허도) : 부족하여 공허한 정도가 되지 않게 하다. 즉, 허기를 느끼지 않도록 하라는 의미다. *虧(이지러질 휴)

5

夜晚更深[(1)]하여 將歸睡處[(2)]할새 安置相辭[(3)]하고 方回房户[(4)]니 日日一般[(5)]하며 朝朝相似하면 傳教庭幃[(6)]하고 人稱賢婦하리라

밤이 깊어져 곧 잠자리로 돌아가려고 할 때는 잠자리를 편안하게 마련해 드리고 인사를 드린 후에 방으로 돌아온다. 매일을 똑 같이

하고, 아침마다 비슷하게 하면 그 가르침이 온 집안에 전해지게 되고, 사람들은 어진 며느리라고 칭찬하게 될 것이다.

❑ 왕상 주

夜膳[7]已畢이면 舅姑將寢이리니 必請二親安置하고 然後辭歸[8]己房하면 則一日事姑舅之道畢矣니라 須要日日朝朝에 久敬不倦[9]이라야 方成孝婦니라 人人皆知爲婦之道如此不難이나 惟長遠敬奉[10]이 久而不衰然後에 爲難也니라 事舅姑之禮旣盡이면 則庭幃之間[11]의 弟婦[12]子女가 效而法之[13]하여 咸遵其教[14]요 鄕黨之間의 婦人閨女[15]가 敬而尊之하여 悉美其孝[16]하리니 是一家孝요 而一鄕俱孝[17]矣니라

저녁밥 드시는 일이 끝나면 시부모님은 곧 잠자리에 들어야 하기 때문에, 반드시 두 분이 편안하게 잠자리에 드시도록 청하고, 그런 후에 인사를 드리고 자기 방으로 돌아간다. 이러고 나면 하루 동안의 시부모님 모시는 일은 끝이 나게 된다. 모름지기 날이면 날마다 아침이면 아침마다 항상 공경하는 마음으로 게으름을 피우지 말아야 마침내 효부가 될 수 있는 것이다. 사람들도 다 잘 알고 있듯이 며느리

로서의 역할이 그렇게 어렵지는 않으나, 오랫동안 공경하는 마음으로 모시고 오래토록 변함없이 지나고 난 뒤에야 어렵다는 것을 알게 된다. 시부모님을 모시는 도의를 잘 완수하고 나면, 집안에서는 손아래 동서나 자제들이 이를 본받아 모범으로 삼아서, 모두가 그 가르침을 따르게 될 것이고, 마을 안에서는 부인들과 처녀들이 공경하는 마음으로 그를 존경하며 모두 그의 효성을 찬미하게 될 것이다. 이것이 곧 한 집안의 효도요, 한 마을 전체의 효도가 된다.

* * * * *

(1) 夜晩更深(야만경심) : 날이 저물어 야심해지다. "夜晩"은 "날이 저물어 밤이 되다"는 뜻이고, "更深"은 "야심(夜深)하다"는 뜻이다.

(2) 將歸睡處(장귀수처) : 장차 잠자리로 돌아가다.

(3) 安置相辭(안치상사) : 편안하게 마련을 해 놓고 인사를 하다. 즉, 시부모님의 잠자리를 편안하게 마련해드리고 잘 주무시라고 인사를 드리는 것을 말한다. "相"은 한쪽이 다른 한쪽에게 행하는 동작을 나타낼 뿐 "서로"라는 의미는 없다.

(4) 方回房户(방회방호) : 비로소 방으로 돌아오다.

(5) 日日一般(일일일반) : 매일 똑 같은 모습으로 하다. 판본에 따라서는 〈般〉이 〈飯〉으로 되어 있기도 하지만, 문맥상으로 〈般〉으로 풀이하는 것이 옳을 것으로 사료된다.

(6) 傳教庭幃(전교정위) : 집안에 전해져서 가르침이 되다. "庭幃" 중의 "幃"가 다른 판본에서는 "闈"로 되어 있기도 하다.
*幃(휘장 위) *闈(대궐 작은 문 위)

(7) 夜膳(야선) : 저녁밥. *膳(반찬 선)

(8) 辭歸(사귀) : 돌아가겠다고 말하다.

(9) 久敬不倦(구경불권) : 오랫동안 공경함에 게으르지 않다.
*倦(게으를 권)

(10) 長遠敬奉(장원경봉) : 길게 멀리 공경하고 받들다. 즉, 오랫동안 줄기차게 존경하는 마음으로 받들어 모신다는 의미다.

(11) 庭幃之間(정위지간) : 가정 안, 집안.

(12) 弟婦(제부) : 동생의 아내. 즉, 여기서는 손아랫동서로 새기는 것이 좋을 듯 하다.

(13) 效而法之(효이법지) : 본받아 그것을 법도로 삼는다.

(14) 咸遵其敎(함준기교) : 모두 그의 가르침을 따르다. *遵(좇을 준)

(15) 婦人閨女(부인규녀) : 부인들과 규녀들. *閨(규방 규)

(16) 悉美其孝(실미기효) : 모두 그의 효성을 아름답게 생각하다.

(17) 一鄕俱孝(일향구효) : 한 마을 전체의 효도가 되다. *俱(함께 구)

6

莫學他人의 跳梁可惡(1)하여 咆哮尊長(2)하여 說辛道苦(3)하며 呼喚不來(4)하고 饑寒不顧(5)니 如此之人은 號爲惡婦라 天地不容하며 雷霆震怒하리니 責罰이 加身하면 悔之無路하리라

다른 사람들이 미워할 정도로 빗나가고, 어른들 앞에서 큰 소리를

지르며, 스스로 고생한다고 지껄이고, 불러도 오지 않고, 춥고 배가 고파도 전혀 돌보지 않는 그런 모습은 배우지 말라. 이 같은 사람을 나쁜 며느리라고 부르는데, 천지가 그를 용서하지 않고, 뇌성과 번개가 진노하게 될 것이다. 질책하는 벌이 몸에 닥쳐서야 후회를 하겠지만 그 때는 이미 어찌할 방법이 없게 된다.

❏ 왕상 주

跳梁者는 置籬[(6)]于水中하여 以防魚之出하나니 力大之魚가 跳梁而出로 以比婦人不遵舅姑之敎而自恣[(7)]也니라 咆哮의 惡聲之犬으로 以比婦人無禮하여 高聲于尊長之前이니라 言不孝之婦가 驕傲自恣하며 惡聲無禮하며 誇能說苦[(8)]於舅姑之前하며 不聽其使喚하며 不顧其饑寒하니 則眞惡婦人이니라 天地雷霆이 豈容此不賢不孝之人哉리오 及乎災殃患疚[(9)]요 罰及其身이리니 始知不孝之罪나 悔之無路矣니라

"도량(跳梁)"이란 곧 물속에 울타리를 만들어 물고기가 튀어 나오는 것을 막는 것인데, 힘이 센 물고기가 밖으로 튀어나오는 것을 가지고 여자가 시부모의 가르침을 따르지 않고 자기 마음대로 하는 것을

비유한다. 큰 소리를 지르고 듣기 싫은 소리를 내는 개를 가지고 여자가 무례하게 어른들 앞에서 큰 소리를 내는 것을 비유한다. 불효하는 며느리는 교만하여 자기가 하고 싶은 대로 하고, 듣기 싫은 소리를 하면서 예의 없이 굴고, 시부모 앞에서 자기가 너무 열심히 일한다고 자랑을 하며, 시킨 일은 하지도 않고, 시부모가 춥고 배고픈 것에 대해서는 신경도 안 쓰는 사람은 진짜 나쁜 며느리라는 말이다. 천지의 천둥과 번개가 어찌 이렇게 현명하지 못하고 불효하는 사람을 용서해 주겠는가? 재앙과 우환거리가 생기고 그 벌이 몸에 나타나게 되었을 때야 비로소 불효한 죄임을 알겠지만, 이때는 후회를 해도 빠져나갈 길이 없게 된다.

* * * * *

(1) 跳梁可惡(도량가오) : "跳梁"은 "跳踉"과 같은 말로, 어떤 부정적인 사람이나 세력이 함부로 날뛰는 것을 말한다. "可惡"는 "미워할만하다"는 의미다. *跳(뛸 도) *梁(들보 량)

(2) 咆哮尊長(포효존장) : 높은 어른에게 큰 소리를 치다. "咆哮"는 "큰 소리를 지르다", "尊長"은 "지위가 높은 어른을 말한다.
*咆(으르렁거릴 포) *哮(으르렁거릴 효)

(3) 說辛道苦(설신도고) : 고생을 말하다. 즉, 자신이 고생을 하였다고 표를 내다. "說辛"이나 "道苦" 모두 "고생을 말하다"는 뜻이다.
*道(말할 도)

(4) 呼喚不來(호환불래) : 불러도 오지 않다.

(5) 饑寒不顧(기한불고) : 배가 고프고 추워도 돌보지 않다. *饑(주릴 기)

(6) 置籬(치리) : 울타리를 설치하다. *籬(울타리 리)

(7) 敎而自恣(교이자자) : 가르쳐 주어도 자기 마음대로 하다.
*恣(방자할 자)

(8) 誇能說苦(과능설고) : 자랑을 하면서 고생을 말하다. *誇(자랑할 과)

(9) 災殃患疚(재앙환구) : 재앙과 우환거리 *殃(재앙 앙) *疚(오랜 병 구)

제7장

남편 모시기

事夫章

1

女子出嫁에 夫主爲親[1]이니 前生緣分이며 今世婚姻이라 將夫比天[2]할새 其義匪輕[3]하니 夫剛妻柔하여 恩愛相因[4]이니라

여자가 시집을 가면 남편이 가장 친한 사람이 된다. 이는 전생의 연분으로 지금 세상에서 혼인을 하게 된 것이다. 남편 받들기를 하늘처럼 해야 하니 그 의가 가볍지 않다. 남편은 강직하고 아내는 온유하여, 그 은혜와 사랑으로 서로가 의지하고 따라야 한다.

❑ 왕상 주

此章은 言事夫之道로 言女子在家從父나 出嫁從夫로 夫者一身之主也니라 然夫婦는 異姓相合으로 以爲婚姻이니 豈偶然哉아 由于前生契合之緣으로 故成今世夫妻之好니라 禮에 云하기를 夫者는 婦之天也라 陽剛陰柔는 天地之大義요 夫恩婦愛는 人道之大經[5]이니라

이 장에서는 남편 섬기는 도리를 말하고 있다. 여자가 본가에 있을 때는 아버지를 따르지만, 출가를 해서는 남편을 따라야 하는데, 남편이란 자기 몸의 주인인 것이다. 성씨도 다른 부부가 서로 만나 혼인을 하게 된 것이 어찌 우연일 수 있는가? 전생에 서로 부부가 될 인연이 있었기 때문에 지금 이 세상에서 멋진 부부가 된 것이다. 예(禮)에 따르면, "남편이란 아내에게 하늘이다. 양(陽)은 강직하고 음(陰)은 온유한 것이 천지의 대의(大義)요, 남편은 은혜롭고 아내는 사랑을 베푸는 것이 사람으로서 마땅히 지켜야 할 상도(常道)다"라고 하였다.

* * * * *

(1) 夫主爲親(부주위친) : 남편이 친하다. 즉, 남편이 가장 가깝고 친하게 지내야할 사람이라는 의미다. "夫主"는 "남편"이라는 뜻으로 쓰였다.

(2) 將夫比天(장부비천) : 남편 받들기를 하늘처럼 하다. "將"은 "받들다"는 의미로 쓰였다.

(3) 其義匪輕(기의비경) : 그 의(義)가 가볍지 않다. "匪"는 "아니다"는 뜻으로 쓰였다. *匪(비적 비, 나눌 비)

(4) 恩愛相因(은애상인) : 은혜와 사랑을 서로 인하다. 즉, 부부가 서로 은혜와 사랑에 의지하여 따른다는 의미다. "因"은 "의지하다, 따르다"는 의미로 쓰였다.

(5) 人道之大經(인도지대경) : 인간 도리의 큰 법칙. "大經"은 "가장 근본이 되는 줄거리나 큰 법칙"을 말한다.

2

居家相待[1]하되 敬重如賓이니 夫有言語어든 側耳詳聽[2]하며 夫有惡事어든 勸諫諄諄[3]하여 莫學愚婦의 惹禍臨身[4]이니라

집에 있을 때는 잘 대하여 손님처럼 공경하고 존중하며, 남편이 무슨 말을 하면 귀를 기울여 자세히 듣고, 남편에게 좋지 못한 일이 있으면 권하고 간하기를 지성으로 하며, 어리석은 아내가 재앙을 자기 몸으로 끌어들이는 것은 배우지 말라.

❑ 왕상 주

女子從夫에 一身之主면 有君臣之義요 服喪三年이면 有父子之親이요 共事父母면 有兄弟之誼요 異姓相愛면 有朋友之道니 故夫婦之禮가 備于五倫[5]이니 宜相親相愛하고 待如賓客[6]이니라 如有言語면 必敬聽而從之하고 如行非禮之事면 必善勸而阻之[7]하여 莫效[8]不賢之婦니라 非惟不能阻

(9)夫之惡하고 反相助爲非(10)하며 或自行非禮(11)以累其夫(12)면 災禍臨身하리니 悔之何及(13)也리오

여자가 남편을 따라 자신의 주인으로 삼게 되면 여기에는 임금과 신하 간에 의(義)가 있는 것과 같다. 3년간 복상(服喪)을 하게 되면 부모와 자식 간에 친함이 있는 것과 같다. 부모님을 함께 모시게 되면 형제간에 좋은 우애가 있는 것과 같다. 성씨가 다르지만 서로 사랑을 나누면서 살아가면 친구간의 도리를 가진 것과 같다. 그렇기 때문에 부부간의 예의가 오륜(五倫)에 들어있는 것이다. 그러니 서로 친하게 지내고 서로 사랑하면서 손님처럼 대접을 해야 한다. 만일에 남편이 무슨 말을 하면 반드시 경청을 하였다가 그대로 따르고, 만일에 예의에 어긋나는 일을 행하거든 반드시 좋은 방향으로 권하여 그러지 못하도록 막아서, 어질지 못한 부인을 본받지 말아야 한다. 반드시 남편의 나쁜 점을 막지 못하고, 도리어 도움을 주어 옳지 못한 일을 하도록 하거나, 혹은 자기 자신이 예의에 어긋나는 일을 행하여 남편에게 누를 끼치게 되면, 그 재앙이 자기 몸에 닥치게 될 것이니, 후회한들 뭘 어찌 하겠는가?

* * * * *

(1) 居家相待(거가상대) : 집안에서 대하다. "居家"는 "집 안에서 지내다"는 뜻이고, "相待"는 "대하다, 대접하다"는 뜻이다.

(2) 側耳詳聽(측이상청) : 귀를 기울여 자세하게 듣다. "側耳"는 "자세히

듣기 위하여 귀를 기울이는 것"을 말한다.

*側(곁 측) *詳(자세할 상)

(3) 勸諫諄諄(권간순순) : 권하고 간하기를 간절히 하다. "諄諄"은 "권하는 모습이 대단히 간절하고 정중한 것"을 말한다.

*諫(간할 간) *諄(지성스러울 순, 타이를 순)

(4) 惹禍臨身(야화임신) : 화를 이끌어 몸에 미치게 하다. 즉, 재앙을 당하게 됨을 말한다. *惹(이끌 야) *禍(재앙 화)

(5) 備于五倫(비우오륜) : 오륜에 갖추어져 있다. 즉, 부부간의 도리가 오륜 중에 포함되어 있다는 말이다.

(6) 待如賓客(대여빈객) : 대하기를 손님처럼 하다.

(7) 善勸而阻之(선권이조지) : 선한 길로 권하고 그것을 막다. 즉, 올바른 행동을 할 수 있도록 권하고 바르지 못한 일은 그만 두도록 막는다는 의미다. "阻"는 "막다, 저지하다"는 뜻이다. *阻(험할 조)

(8) 莫效(막효) : 본받지 말라.

(9) 非惟不能阻(비유불능조) : 반드시 막지 못하다. "非"는 "반드시"라는 뜻으로 쓰였다.

(10) 反相助爲非(반상조위비) : 오히려 도와서 잘못을 하다.

(11) 自行非禮(자행비례) : 스스로 예에 어긋난 잘못을 행하다.

(12) 累其夫(루기부) : 그 남편에게 누를 끼치다.

(13) 悔之何及(회지하급) : 그것을 후회해도 어찌 미치겠는가? 즉, 후회한들 돌이킬 수가 없다는 의미다.

3

夫若外出이어든 須記途程[1]하여 黃昏未返이어든 瞻望思尋[2]하며 停燈溫飯[3]하여 等候敲門[4]이니 莫若懶婦[5]의 先自安身[6]이니라

남편이 만약에 외출을 하게 되면 반드시 그 경로를 기억하고 있다가, 황혼이 되었는데도 아직 돌아오지 않으면, 관망을 하면서 곰곰이 생각을 하며, 등불은 끄지 말고 그대로 걸어놓고 밥은 따뜻하게 해놓고서 문을 두드리기를 기다린다. 게으른 아내처럼 먼저 자기 몸을 편안하게 하지 말라.

❑ 왕상 주

言夫如出外면 遠近必問하여 明方向이니라 遠則以便寄書[7]하고 近則留燈頓飯[8]하여 以待其來하고 或望久不至[9]면 必令人尋訪[10]하여 以速其歸[11]하니라 莫學不賢懶婦가 夫未至而先眠하고 無燈無火[12]하고 不問其食與未食[13]也니라

만약에 남편이 외출을 하면 먼 곳인지 가까운 곳인지 그 방향을 분명하게 알아야 한다는 말이다. 멀면 편지를 쓸 수 있도록 하고, 가까우면 등불을 밝혀 놓고 밥을 준비하여 돌아올 시간을 기다리도록 한다. 혹시나 오랫동안 기다렸는데 돌아오지 않으면 반드시 사람을 시켜 찾아보고 빨리 귀가를 할 수 있도록 한다. 어질지 못하고 게으른 여자들은 남편이 아직 돌아오지도 않았는데 먼저 잠을 자고, 불도 켜 놓지 않고 불도 지펴놓지도 않으며, 식사를 했는지 아직 안 했는지도 물어보지 않는데, 이런 점은 배우지 말아야 한다.

* * * * *

(1) 須記途程(수기도정) : 반드시 길을 떠난 여정을 기억해야 한다. "途程"은 "멀리 볼일을 보러 가는 그 경로"를 가리킨다.
*途(길 도) *程(단위 정)

(2) 瞻望思尋(첨망사심) : 관망을 하면서 깊이 생각하다. "瞻望"은 "앞일을 내다보며 전망하다"는 말이고, "思尋"은 "곰곰이 생각하다"는 뜻이다. *瞻(볼 첨) *尋(찾을 심)

(3) 停燈溫飯(정등온반) : 등을 고정시켜 놓고 밥을 따뜻하게 하다. "停燈"은 "불을 끄지 않고 켜 놓은 대로 정지시켜 두다"는 의미다.
*飯(밥 반)

(4) 等候敲門(등후고문) : 문을 두드리기를 기다리다. "等候"는 "기다리다"는 뜻이고, "敲門"은 "노크를 하다"는 뜻이다. *敲(두드릴 고)

(5) 莫若懶婦(막약라부) : 게으른 부인처럼 하지 말라. "若"이 다른 판본에서는 "學"으로 되어 있다. *懶(게으를 라)

(6) 先自安身(선자안신) : 먼저 스스로 자기 자신을 편안하게 하다.

(7) 以便寄書(이편기서) : 편지를 보내기에 편리하도록 하다.

(8) 留燈頓飯(류등돈반) : 등불을 남겨두고 밥을 준비해 두다. "頓"은 "가지런히 하다, 마련해 두다"는 의미로 쓰였다. *頓(조아릴 돈)
(9) 望久不至(망구불지) : 오래 기다렸는데 이르지 않다. 즉, 집으로 돌아오기를 오랫동안 기다렸는데도 아직 돌아오지 않았다는 뜻이다.
(10) 令人尋訪(령인심방) : 사람을 시켜 찾다. *尋(찾을 심)
(11) 速其歸(속기귀) : 그의 귀가를 빨리하다. 즉, 남편이 귀가를 빨리 할 수 있도록 한다는 의미다.
(12) 無燈無火(무등무화) : 등도 없고 불도 없다. 즉, 불도 켜 놓지 않고 불도 지펴놓지 않았다는 말이다.
(13) 食與未食(식여미식) : 밥을 먹었는지 아직 먹지 않았는지. "未"는 "아직 ~하지 않다".

4

夫如有病이어든 終日勞心[1]하여 多方問藥[2]하며 遍處求神[3]하여 百般治療[4]하여 願得長生[5]이니 莫學蠢婦[6]의 全不憂心[7]이니라

남편에게 만일 아픈 곳이 있으면, 하루 종일 노심초사하는 마음으로 백방으로 고칠 약을 물어보며, 여러 곳을 두루 다니며 신에게 간구하고 모든 방법으로 치료를 하면서 오래오래 살 수 있기를 소원해

야지, 어리석은 아내가 조금도 걱정하는 마음을 쓰지 않는 그런 모습은 배우지 말라.

❑ 왕상 주

夫如有病在身이면 當每日焦勞(8)하여 小心看視(9)하고 調理湯藥하며 求神問卜(10)하고 祈保平安(11)하여 夫病稍愈(12)면 飮食衣服을 愈加小心勤愼(13)하고 調護安全(14)하여 勿效不賢之人이 任夫有病(15)에 全不經心(16)이니라

남편에게 만일 몸에 병이 있으면, 매일 노심초사하는 것이 마땅하다. 조심조심 살피며, 탕약을 조절해 가면서 신에게 간구하고 점쟁이에게 물어서 평안할 수 있기를 빌어야 한다. 남편의 병이 조금씩 호전되면 음식과 의복도 조금씩 조심하는 마음으로 신중하게 늘려가면서 안전하게 조절하도록 한다. 어질지 못한 사람이 남편에게 병이 있든 없든 전혀 신경 쓰지 않는 그런 모습은 본받지 말라.

* * * * *

(1) 終日勞心(종일로심) : 종일토록 마음을 쓰다.

(2) 多方問藥(다방문약) : 다방면으로 약을 묻다. 즉, 병을 치료할 수 있는 약을 구하기 위해 백방으로 물어본다는 뜻이다.

(3) 遍處求神(편처구신) : 장소를 두루 돌며 신에게 간구하다. 즉, 봉건시

대에 미신을 믿을 때 이곳저곳 용하다는 무당들을 찾아다니며 병이 나을 수 있도록 도움을 청하다.

(4) 百般治療(백반치료) : 백방으로 치료하다. 즉, 모든 방법을 동원하여 병을 고치려고 하는 것을 말한다. "百般"은 "모든 것, 여러 가지"라는 뜻이다.

(5) 願得長生(원득장생) : 장생을 얻을 수 있기를 원하다. 즉, 오래오래 살 수 있기를 바란다는 뜻이다.

(6) 莫學蠢婦(막학준부) : 어리석은 부인을 배우지 마라. "蠢婦"는 "어리석은 부인"을 말한다. *蠢(꾸물거릴 준)

(7) 全不憂心(전불우심) : 완전히 걱정하는 마음이 없다.

(8) 每日焦勞(매일초로) : 매일 애타게 힘쓰다. *焦(그으릴 초)

(9) 小心看視(소심간시) : 조심하며 살펴보다. "小心"은 "조심하다"는 뜻이다.

(10) 求神問卜(구신문복) : 신에게 간구하고 점을 쳐서 묻다.

(11) 祈保平安(기보평안) : 평안함이 보호받을 수 있도록 빌다.

(12) 夫病稍愈(부병초유) : 남편의 병이 조금 낫다.
*稍(점점 초, 끝 초) *愈(나을 유)

(13) 愈加小心勤愼(유가소심근신) : 더욱 조심하고 삼가다. "愈加"는 "더욱, 한층 더"의 뜻이고, "勤愼"은 "힘써 삼가다"는 뜻이다.

(14) 調護安全(조호안전) : 안전하도록 조절하고 보호하다.

(15) 任夫有病(임부유병) : 남편에게 병이 있음에도 불구하고. "任"은 "~에도 불구하고, ~도 상관없이"라는 뜻이다.

(16) 全不經心(전불경심) : 완전히 마음을 쓰지 않다. "經心"은 "마음을 기울이다. 신경을 쓰다"는 뜻이다.

5

夫若發怒어든 不可生嗔[(1)]이오 退身相讓[(2)]하여 忍氣低聲[(3)]이니 莫學潑婦[(4)]의 鬪鬧頻頻[(5)]이니라

남편이 만약에 화를 내어도 함께 화를 내서는 안 된다. 뒤로 물러나와 양보를 하고 성질을 참으며 소리를 낮추도록 한다. 사나운 아내가 자주 싸우고 시끄럽게 구는 것을 배우지 않도록 하라.

❑ 왕상 주

夫主가 倘然[(6)]有事嗔怒면 當下氣怡聲[(7)]하여 不可回言抵觸[(8)]이니라 勿效撒潑婦女[(9)]가 每日尋非[(10)]하고 與夫爭鬪니라

남편이 만약에 어떤 일로 화를 내면 성질을 가라앉히고 기쁜 소리로 대해야지, 대꾸를 하면서 맞부딪쳐서는 안 된다. 사나운 부녀자가 매일 그릇된 일이나 찾아내어 남편과 싸우는 것은 본받지 말라.

* * * * *

(1) 不可生嗔(불가생진) : 화를 내어서는 안 된다. "生嗔"은 "성을 내다"는 뜻이다. *嗔(성낼 진)

(2) 退身相讓(퇴신상양) : 물러나와 양보를 하다. 여기의 "相"도 한 쪽이 다른 한쪽에게 행하는 동작을 나타내기 때문에 "서로"라는 의미는 없다.

(3) 忍氣低聲(인기저성) : 성질을 참고 소리를 낮추다. "氣"는 "화나 성질 등"을 나타낸다.

(4) 莫學潑婦(막학발부) : 사나운 부인을 배우지 마라. "潑婦"는 "난폭하고 이치를 따지지 않는 무지막지한 여자나 몰상식한 여자"를 가리킨다. *潑(뿌릴 발)

(5) 鬪鬧頻頻(투료빈빈) : 싸우고 시끄럽게 구는 것이 빈번하다. *鬪(싸움 투) *鬧(시끄러울 료) *頻(자주 빈)

(6) 倘然(당연) : 만약에. *倘(혹시 당)

(7) 下氣怡聲(하기이성) : 성질을 가라앉히고 기쁜 소리를 내다.
*怡(기쁠 이)

(8) 回言抵觸(회언저촉) : 대꾸로 부딪치다. "回言"은 "되돌리는 말", 즉, "대꾸하는 것"을 말하고, "抵觸"은 "서로 부딪치는 것"을 말한다.
*抵(거스를 저) *觸(닿을 촉)

(9) 撒潑婦女(살발부녀) : 막 나가는 부인. "撒潑"은 "아무 것도 따지지 않고 울며불며하는 것"을 말한다. *撒(뿌릴 살)

(10) 每日尋非(매일심비) : 매일 잘못된 것만 찾다.

6

粗絲細葛(1)을 熨帖縫紉(2)하여 莫教寒冷으로 凍損夫身(3)하며 家常茶飯으로 供待殷勤(4)하여 莫教饑渴하여 瘦瘠苦辛(5)이니 同甘同苦(6)하며 同富同貧(7)하며 死同棺槨(8)하며 生共衣衾(9)하니라

굵은 실과 가는 칡으로 짠 천을 다리고 기워서, 추위로 인하여 남편의 몸이 얼어 손상을 입지 않도록 해야 한다. 집에는 항상 차와 밥을 준비해 두었다가 공손하게 대접함을 은근하게 하며, 배가 고프거나 목이 말라 몸이 수척해지고 고생을 하지 않도록 한다. 좋은 일도 함께 하고 고생스런 일도 함께 하며, 부유함도 함께 하고 가난함도 함께 하면서, 죽어서는 관(棺)에 함께 들어가고, 살아서는 옷과 이불을 함께 쓴다.

❑ 왕상 주

夫主所着의 冬夏衣裳은 時宜熨帖縫綴(10)整齊하여 及時備辦(11)해야하나니 恐天寒而莫措(12)也니라 至于茶飯飲食은 須要殷勤奉待(13)하여 勿令饑

渴致疾(14)이니라 夫婦之道는 同其苦樂하고 共其貧富하여 生則同衾而共處(15)하고 死則併棺而合葬(16)이 理之常(17)也니라

남편이 입을 겨울과 여름 의상은 때에 맞춰 다림질을 잘 해서 옷의 매무새가 나도록 잘 꿰매놓고, 입어야 할 때에 입을 수 있도록 준비를 해 놓아야 하는데, 이는 날씨가 추워졌을 때 대처를 할 수 없을까 염려가 되기 때문이다. 차나 밥이나 음식도 반드시 은근함으로 받들어 대접하고, 배가 고프거나 갈증이 나서 몸이 아프게 되는 일이 없도록 해야 한다. 부부간의 마땅한 도리는 슬픔과 기쁨을 함께 하고, 가난과 부유함을 함께 하는 것이다. 살아서는 같은 이불을 쓰면서 함께 살고, 죽어서는 관(棺)을 나란히 하여 합장(合葬)하는 것이 마땅한 이치다.

* * * * *

(1) 粗絲細葛(조사세갈) : 굵은 실과 가는 칡. "粗"는 "올이 굵은 것"을 말하고, "細"는 "올이 아주 가는 것"을 말한다. *葛(칡 갈)
(2) 熨帖縫紉(울첩봉인) : 다림질을 하고 깁다. "熨帖"은 "인두로 다림질을 하는 것"을 말하고, "縫紉"은 "실로 꿰매는 것"을 말한다. *熨(다리미 위, 다릴 울) *帖(문서 첩)
(3) 凍損夫身(동손부신) : 남편의 몸이 얼어서 손상을 입다.
(4) 供待殷勤(공대은근) : 모시고 대접함을 은근하게 하다. "殷勤"은 오늘날 사용되는 "慇懃"과 같은 의미로, "태도가 겸손하고 정중함"

을 나타낸다. *殷(성할 은) *勤(부지런할 근) *慇(근심할 은, 은근할 은) * 懃(은근할 은)

(5) 瘦瘠苦辛(수척고신) : 수척해지고 고생을 하다. "瘦瘠"은 "얼굴이나 몸이 야위어서 건강하지 않게 보이는 것"을 말하고, "苦辛"은 "괴롭고 고생스럽게 애를 쓰는 것"을 말한다.
*瘦(파리할 수) *瘠(파리할 척)

(6) 同甘同苦(동감동고) : 달콤함도 함께 하고 씁쓸함도 함께 하다. 즉, 동고동락한다는 의미다.

(7) 同富同貧(동부동빈) : 부유함도 함께 하고 가난함도 함께 하다.

(8) 死同棺槨(사동관곽) : 죽어서는 널을 함께하다. 즉, 죽으면 같은 곳에 묻힌다는 의미다. "棺槨"에서 "棺"은 "속 널"을, "槨"은 "겉 널"을 가리킨다. *棺(널 관) *槨(덧널 곽)

(9) 生共衣衾(생공의금) : 살아서는 옷과 이부자리를 함께 하다. 즉, 살아있을 때는 함께 생활한다는 의미다. *衾(이불 금)

(10) 縫綴(봉철) : 꿰매다. *縫(꿰맬 봉) *綴(꿰맬 철)

(11) 備辦(비판) : 준비하여 마련해 놓다. *辦(힘쓸 판)

(12) 恐天寒而莫措(공천한이막조) : 날씨가 추워졌을 때 조치를 하지 못할까 염려하다. *恐(두려울 공) *措(둘 조)

(13) 殷勤奉待(은근봉대) : 겸손하고 정중하게 받들어 모시다.

(14) 饑渴致疾(기갈치질) : 배가 고프고 목이 말라 병이 나다. *饑(주릴 기) *渴(목마를 갈)

(15) 同衾而共處(동금이공처) : 이불을 같이 하여 함께 처하다. 즉, 두 사람이 함께 같은 이불을 사용한다는 의미다.

(16) 併棺而合葬(병관이합장) : 관을 나란히 하여 함께 묻히다. *併(아우를 병) *葬(장사지낼 장)

(17) 理之常(리지상) : 이치의 마땅함. "常"은 "법도, 규율"의 뜻이다.

7

能依此語하면 和樂琴瑟[(1)]이니 如此之女는 賢德이 聲聞[(2)]하리라

능히 이런 말에 의지하여 살아갈 수 있다면 금슬이 화락할 것이니, 이와 같은 여자는 그 현숙하고 도덕적인 행위로 명성이 널리 퍼져나갈 것이다.

❑ 왕상 주

賢良之女가 依此語而行之면 則夫妻好合[(3)]이 琴瑟和諧하여 賢德之名이 聞於閭里[(4)]矣니라

현숙하고 선량한 아내가 이와 같은 말을 따라 행할 수 있다면 부부는 의좋게 살아갈 것이요, 좋은 금슬로 뜻을 잘 맞춰 살아가게 될 것이며, 어질고 덕이 많다는 명성은 온 마을로 퍼져나가게 될 것이다.

* * * * *

(1) 和樂琴瑟(화락금슬) : 금슬이 화락하다. "和樂"은 "화평하고 즐겁다"는 뜻이고, "琴瑟"은 원래 "거문고와 비파"를 말하지만, 여기서는 "부부 사이의 정"을 가리킨다.

(2) 聲聞(성문) : 명성. 즉, "좋은 평판"을 의미한다.

(3) 夫妻好合(부처호합) : 부부가 호합하다. "好合"은 "서로 잘 만났다는 것"을 가리킨다.

(4) 聞於閭里(문어려리) : 마을에 들리다. 즉, 온 마을에 퍼지게 된다는 말이다. *閭(이문 려)

제8장

자녀 훈계하기

訓男女章

1

大抵人家의 皆有男女할새 年已長成에 教之有序[(1)]나 訓誨之權[(2)]이 實專於母[(3)]니라

대개 집집마다 모두 아들과 딸들이 있고, 나이가 들어 이미 장성하게 되면 순서에 따라 교육을 시켜야 하는데, 훈계하고 가르치는 그 권한이 실제적으로 온전히 어머니에게 있다.

❏ 왕상 주

此章은 言母儀之道[(4)]로 言既爲夫婦에 必生男女하리니 男女既生이면 則母儀之法을 不可不知也니라 父主外事하고 母主內事니라 男女幼小에 居處于內하니 故母教爲專이니라

이 장에서는 어머니의 법도에 대한 마땅한 이치를 말하고 있는데, 이미 부부가 되면 반드시 아들이든 딸이든 아이를 낳게 된다는 말이다. 아들이든 딸이든 일단 아이가 태어나면 어머니가 행할 법도를 몰라서는 안 된다. 남편은 바깥일을 주로 삼고, 어머니는 집안일을 주로

삼아야 한다. 아들이든 딸이든 어렸을 때는 집안에서 생활을 하기 때문에 어머니가 교육시키는 것을 전담해야 한다.

* * * * *

(1) 教之有序(교지유서) : 가르치는 것에 차례가 있다. 즉, 차례에 따라 교육을 시켜야 한다는 말이다.

(2) 訓誨之權(훈회지권) : 가르침의 권한. *誨(가르칠 회)

(3) 實專於母(실전어모) : 실제적으로 어머니가 전담을 하다.

(4) 母儀之道(모의지도) : 모의(母儀)의 법도. "母儀"는 "어머니의 마땅한 거동", 즉, 어머니의 모범적인 예절을 말한다. *儀(거동 의)

2

男入書堂하여 請延師傅[(1)]하여 習學禮義하고 吟詩作賦[(2)]하며 尊敬師儒[(3)]하되 束修酒脯[(4)]하니라

아들은 서당에 들어가면 스승을 맞이하여 예의를 익히고 시를 음미하며 부(賦)를 짓게 되는데, 스승을 존경하되 사례금을 드리며 술과 포(脯)를 바쳐야 한다.

❑ 왕상 주

男子六歲면 便可讀書니 當請明師訓之하고 而延待師尊하되 束脩贄敬之儀(5)로 宴請酒脯之禮(6)하고 宜預辦殷勤(7)하여 不可失禮니라

아들은 여섯 살이면 책을 읽을 수 있기 때문에 마땅히 훌륭한 스승을 청하여 공부를 하게 되는데, 사례금과 예물로 공경의 예를 다 하고, 잔치를 열어 술과 고기로 예를 다 하며, 기쁜 마음으로 겸손하고 정중하게 예의를 잃어서는 안 된다.

* * * * *

(1) 請延師傅(청연사부) : 스승을 청하다. "師傅"는 "스승"을 말한다. *傅(스승 부)

(2) 吟詩作賦(음시작부) : 시를 읊고 부를 짓다. "賦"는 하나의 문학양식으로, 대개 굴원(屈原, BC343경-289경)의 "이소(離騷)"에서부터 시작하여 한대(漢代, BC206-AD220)에 성행했던 '묘사와 해설 위주'의 형식이다. *賦(구실 부, 부세 부)

(3) 尊敬師儒(존경사유) : 사유(師儒)를 존경하다. "師儒"는 "사람에게 도를 가르치는 유생(儒生)"으로, 여기서는 스승을 가리킨다. *儒(선비 유)

(4) 束修酒脯(속수주포) : 속수와 주포. "束修"는 "스승에게 드리는 사례금"을 말하고, "酒脯"는 "술과 말린 고기"를 말한다. *脯(포 포)

(5) 贄敬之儀(지경지의) : 예물의 예의. "贄敬"은 "옛날에 제자가 스승을 찾아뵐 때 가지고 가던 예물"을 가리킨다. *贄(폐백 지)

(6) 宴請酒脯之禮(연청주포지례) : 술과 포를 대접하는 잔치를 베풀다. "宴請"은 "잔치를 베풀어 손님을 접대하는 것"을 말한다.

(7) 宜預辦殷勤(의예판은근) : 마땅히 겸손함과 정중함을 다 하다.

3

女處閨門하여 少令出户[1]하고 喚來便來[2]하며 喚去便去하되 稍有不從[3]이어든 當加叱怒[4]니라

딸은 규방에서 생활하도록 하고, 문밖을 나가는 일이 적도록 하며, 오라고 부르면 곧바로 오고, 가라고 하면 곧바로 가도록 하며, 조금이라도 순종하지 않음이 있으면 마땅히 꾸짖고 화를 내야 한다.

❑ 왕상 주

養女는 以母訓爲主니라 女子自幼勿令其出閨門하고 及少長에는 宜令其從母之教하며 凡有使令[5]은 不可違拗[6]하며 如不聽從이면 卽加責怒하여 勿長其驕傲之心[7]이니라

딸을 양육시키는 것은 어머니의 가르침이 위주가 된다. 여자는 어려서부터 규방을 나가지 못하게 한다. 다소 성장하면 어머니의 가르침을 따르도록 해야 한다. 무릇 시킨 것을 어겨서는 안 되며, 만일 시킨 대로 하지 않으면 바로 질책을 하고 화를 내어 오만한 마음이 자라나지 않도록 해야 한다.

* * * * *

(1) 少令出户(소령출호) : 집밖으로 나가는 것이 많지 않도록 하다.

(2) 喚來便來(환래변래) : 부르면 곧 오다. "便"은 "곧"이라는 뜻으로 쓰였다. *便(편할 편, 곧 변)

(3) 稍有不從(초유불종) : 조금이라도 따르지 않는 바가 있다. "稍"는 "약간, 조금", "不從"은 "순종하지 않음"을 말한다. *稍(점점 초, 끝 초)

(4) 當加叱怒(당가질로) : 마땅히 질책을 하고 화를 내다. "叱怒"는 "어떤 잘못에 대하여 화를 내어 꾸짖는 것"을 말한다.
*叱(꾸짖을 질) *怒(성낼 로)

(5) 凡有使令(범유사령) : 무릇 시킨 것이 있으면. "使令"은 원래 "명령하여 하도록 시키는 것"을 말하는데, 여기서는 "시킨 일"을 가리킨다.

(6) 不可違拗(불가위요) : 어겨서는 안 된다. "違拗"는 "상급자나 손윗사람의 생각을 따르지 않고 거역하는 것"을 말한다. *違(어길 위) *拗(꺾을 요)

(7) 勿長其驕傲之心(물장기교오지심) : 교만하고 오만한 마음이 자라나지 않게 하다. "驕傲"는 "잘난 체하며 건방진 태도로 남을 업신여기는 것"을 말한다. *驕(교만할 교) *傲(거만할 오)

4

朝暮訓誨[1]하여 各勤事務니 掃地燒香[2]하며 紉麻緝苧[3]하고 若在人前이어든 教他禮數[4]하여 遞獻茶湯[5]하고 從容退步니라

아침저녁으로 타이르고 가르쳐, 해야 할 각각의 일들을 부지런히 하고, 땅을 쓸고 향을 피우며, 삼을 날고 모시를 날도록 한다. 만일 다른 사람 앞에 있을 때면, 그 사람에게 예의를 다 하도록 하여, 차와 탕을 건네 드리고 조용히 물러나오도록 가르친다.

❑ 왕상 주

朝暮之間에 訓誨女子로되 以勤儉爲先하여 燒香於家廟하고 致其恭敬하고 掃地於庭除[6]하여 必期潔淨케하니라 紉麻以供針線[7]하고 緝苧以成布疋[8]하며 若有賓客女眷來家[9]면 教其禮數週全[10]하여 殷勤款待茶湯[11]하고 退步却立於母之後케하니라

아침저녁으로 딸에게 타이르고 가르치되, 부지런함을 우선으로 하도록 한다. 집안 사당에 향불을 피우되 공경함을 다하고, 뜰을 빗자루로 쓸되, 반드시 깨끗하게 하도록 한다. 삼을 날아 바느질을 할 수 있도록 하고, 모시를 날아 베를 짤 수 있도록 한다. 만약에 손님이나 여자 권솔(眷率)이 집에 오게 되면, 예의를 꼼꼼하게 지켜 겸손하고 정중한 마음으로 차와 탕을 대접하도록 하고, 그리고 뒤로 물러 나와 어머니 뒤에 서 있도록 가르친다.

* * * * *

(1) 朝暮訓誨(조모훈회) : 아침저녁으로 훈계하여 가르치다.
*暮(저물 모) *誨(가르칠 회)
(2) 掃地燒香(소지소향) : 땅을 쓸고 향을 피우다.
*掃(쓸 소) *燒(사를 소)
(3) 紉麻緝苧(인마집저) : 삼을 날고 모시를 날다. *紉(바늘로 실 꿸 인) *麻(삼 마) *緝(모을 집, 이을 집) *苧(모시 저)
(4) 教他禮數(교타예수) : 그에게 예의를 가르치다. "禮數"는 "신분에 알맞은 예의"를 말한다.
(5) 遞獻茶湯(체헌차탕) : 차와 탕을 바치다. "遞獻"은 "건네 바치다"는 뜻이다. *遞(갈마들 체) *獻(바칠 헌)
(6) 掃地於庭除(소지어정제) : 뜰을 쓸다. "掃地"는 "빗자루로 땅을 쓰는 것"을 말하고, "庭除"는 "정원, 뜰"을 가리키는데, 원래 "除"는 "집채의 앞뒤에 오르내릴 수 있도록 놓은 돌층계"를 말한다.
*掃(쓸 소) *除(덜 제, 섬돌 제)
(7) 紉麻以供針線(인마이공침선) : 삼을 날아 바느질에 필요한 실로 제공하다.
(8) 緝苧以成布疋(집저이성포필) : 모시를 날아 무명 피륙을 짜다. "布疋"

은 "무명의 필"을 말한다. *疋(필 필)

(9) 賓客女眷來家(빈객여권래가) : 손님이나 여자 권속들이 집에 오다. *眷(돌볼 권)

(10) 殷勤款待茶湯(은근관대차탕) : 겸손하고 정중하게 차와 탕으로 대접을 하다. "款待"는 "친절하게 대하거나 정성껏 대접하는 것"을 말한다. *款(정성 관)

5

莫縱嬌癡(1)니 恐他啼怒(2)하며 莫縱跳梁(3)이니 恐他輕侮(4)하며 莫縱歌詞(5)니 恐他淫污(6)하며 莫縱遊行(7)이니 恐他惡事(8)니라

멋대로 맵시를 내는데 열중하지 못하게 해야 하니, 이는 다른 사람이 화를 낼까 염려가 되기 때문이며, 멋대로 함부로 날뛰어 다니지 못하게 해야 하니, 이는 다른 사람들이 가볍게 여기고 업신여길까 염려가 되기 때문이며, 멋대로 노래를 부르지 못하게 해야 하니, 이는 다른 사람들이 음란하고 깨끗하지 못한 것으로 생각할까 염려가 되기 때문이며, 멋대로 놀러 다니지 못하게 해야 하니, 이는 다른 사람들이 나쁜 짓을 할까봐서 염려가 되기 때문이다.

❑ 왕상 주

女子의 不賢은 皆母憐惜(9)而故縱之過(10)也니라 如縱之驕癡(11)면 則養成無故(12)啼號嗔怒之性(13)이요 縱之跳梁하여 與母鬪口(14)케하면 則有輕慢翁姑(15)하고 侮虐(16)夫主之過하리라 縱之聽歌唱曲(17)이면 恐其習聽淫詞(18)하여 而生淫汚之心(19)하고 縱之閑行遊玩(20)하면 恐其恣意(21)而行邪僻陰私之事(22)하리니 不能禁之于未萌(23)이면 則習性已成하여 萬難改過矣니라

딸이 현숙하지 못한 것은 모두 어머니가 불쌍하다는 생각에 그냥 멋대로 내버려둔 탓이다. 만일에 자기 멋대로 멋을 부리는데 열중하도록 내버려두면 이유도 없이 불평을 하고 화를 내는 성질을 길러주게 된다. 멋대로 날뛰어 다니고 어머니와 말다툼을 하도록 내버려 두면 시부모도 경시하고 업신여기며, 남편도 얕보고 사납게 구는 실수를 하게 된다. 멋대로 노래를 듣고 부르면 아마도 음탕한 내용을 듣는데 습관이 되고 음란하고 깨끗하지 못한 마음이 생기게 될 것이다. 제멋대로 한가하게 쏘다니면서 노는 것을 즐기게 되면 아마도 생각이 방자하게 되고 사악하고 비밀스런 일을 행하게 될 것이다. 아직 나쁜 습관이 싹트기 전에 금하지 못하면, 습성이 이미 굳어져버려 그 잘

못을 고치려면 대단히 어렵게 될 것이다.

* * * * *

(1) 莫縱嬌癡(막종교치) : 제멋대로 뽐내는 데 열중하지 못하게 하다. “縱”은 “멋대로 하다, 방종하다”는 뜻이고, “嬌癡”는 “뽐내는데 열중하다”는 말이다. *縱(세로 종, 방종할 종) *嬌(아리따울 교) *癡(어리석을 치, 열중할 치)

(2) 恐他啼怒(공타제노) : 다른 사람이 큰 소리로 성을 낼까 두려워하다. *恐(두려울 공) *啼(울 제) *怒(성낼 노)

(3) 莫縱跳梁(막종도량) : 멋대로 날뛰지 못하게 하다. “跳梁”은 어떤 부정적인 사람이나 세력이 함부로 날뛰는 것을 말한다.
*跳(뛸 도) *梁(들보 량)

(4) 恐他輕侮(공타경모) : 남이 가볍게 여기고 업신여길까 두려워하다. *侮(업신여길 모)

(5) 莫縱歌詞(막종가사) : 멋대로 노래하지 못하게 하다. *詞(말씀 사)

(6) 恐他淫污(공타음오) : 남이 음란하고 더럽게 여길까 두려워하다. *淫(음란할 음) *污(더러울 오)

(7) 莫縱遊行(막종유행) : 멋대로 놀러 다니지 못하게 하다.

(8) 恐他惡事(공타악사) : 남이 나쁜 짓을 할까 두려워하다.

(9) 皆母憐惜(개모련석) : 모두 어머니가 불쌍하게 여기다. *憐(불쌍히 여길 련) *惜(아낄 석)

(10) 故縱之過(고종지과) : 멋대로 둔 잘못이다.

(11) 縱之驕癡(종지교치) : 멋대로 잘난 체 하며 열중하다. *驕(교만할 교)

(12) 無故(무고) : 이유도 없이. “故”는 “까닭, 이유”.

(13) 啼號嗔怒之性(제호진노지성) : 불평을 하고 화를 내는 성질. *嗔(성낼 진) *怒(성낼 노)

(14) 與母鬪口(여모투구) : 어머니와 말다툼을 하다. *鬪(싸움 투)

(15) 輕慢翁姑(경만옹고) : 시아버지와 시어머니를 경시하고 업신여기다.
*輕(가벼울 경) *慢(게으를 만, 업신여길 만) *翁(늙은이 옹)

(16) 侮虐(모학) : 얕보고 사납게 굴다. *侮(업신여길 모) *虐(사나울 학)

(17) 聽歌唱曲(청가창곡) : 노래를 듣고 노래를 부르다.

(18) 習聽淫詞(습청음사) : 음란한 말을 듣는데 익숙해지다.

(19) 生淫汚之心(생음오지심) : 음란하고 더러운 마음이 생겨나다.

(20) 閑行遊玩(한행유완) : 한가하게 다니며 노는 것을 즐기다.
*遊(놀 유) *玩(희롱할 완, 놀 완)

(21) 恣意(자의) : 방자한 생각이 들다. *恣(방자할 자)

(22) 邪僻陰私之事(사벽음사지사) : 사악하고 비밀스런 일. "邪僻"은 "나쁘다, 옳지 않다"는 말이고, "陰私"는 "다른 사람에게는 말할 수 없는 개인적인 비밀"을 말한다.
*邪(간사할 사) *僻(후미질 벽) *陰(음달 음)

6

堪笑今人(1)이 不能爲主(2)하여 男不知書하고 聽其弄齒(3)하여 鬪鬧貪杯(4)하며 謳歌習舞(5)하여 官府不憂(6)하고 家鄕不顧(7)하며 女不知禮하고 强梁言語(8)하여 不識尊卑하며 不能針指하여 辱及尊親하며 有玷父母(9)니 如此之人은 養猪養鼠(10)니라

웃을 일은, 지금 사람들은 주(主)가 되는 것을 알지 못한다는 사실이다. 사내아이는 글을 알지 못하고, 희롱하는 말을 듣고는 싸움을 하고 난리를 치며 술잔을 탐하고, 노래를 부르고 춤을 익히며 관청을 겁내지 않으며, 자기 집과 고향을 돌아보지도 않는다. 여자 아이는 예를 알지 못하고, 말을 함부로 하며 사람 위아래도 알아보지 못하고, 바느질도 할 줄 몰라 그 욕됨이 부모에게 미치고 그 부모에게 흠집을 내게 되니, 이와 같은 사람은 돼지를 기르고 쥐를 기르는 것이나 다름 없다.

❑ 왕상 주

不明之人은 生男에 不知教以詩書(11)하여 任其逞乖調舌(12)하고 爭鬪酌酒(13)하고 歌唱邪淫(14)하고 不懼官府之法度하고 不理家庭之正務하고 不顧父母妻子之養하여 終成廢人케하니라 養女에 不知教以禮讓(15)하여 任其言語好强(16)하고 不敬尊長하고 不理針指之工하고 不習勤儉之事하고 出嫁于人하여 必不能遵婦道하고 而爲不孝之婦와 不賢之妻하여 則貽誚尊親(17)하고 羞玷父母(18)케 하나니 其始皆由母訓之不早也니라 如此等婦人

은 雖生男女나 其實與養猪養鼠相同이니 甚矣라 母儀之道를 不可不明也니라

사리가 분명하지 못한 사람은 사내아이를 낳아놓고도 ≪시경(詩經)≫ · ≪서경(書經)≫과 같은 글을 가르치지 않고, 자식이 멋대로 좋지 못한 짓을 즐기고 혀를 나불거리며 싸움을 하고 술을 고래고래 마시며 사악하고 음란한 노래를 부르도록 가만히 내버려 둔다. 그리하여 관청의 법도도 무서워하지 않고, 집에서 해야 할 올바른 일도 아랑곳하지 않으며, 부모와 처자를 돌보는 일도 신경 쓰지 않고 마침내는 폐인이 되고 만다. 딸을 낳아놓고도 예의와 양보 등을 가르칠 줄을 모르고, 딸자식이 멋대로 말을 할 때 억센 것을 좋아하고 어른들을 존경하지 않으며 바느질하는 기술은 신경도 쓰지 않고 근검절약하는 일은 익히지 않도록 가만히 내버려 둔다. 그리하여 다른 사람에게 시집을 가서는 반드시 부녀자로서의 도리를 제대로 따르지 못해 불효하는 며느리가 되고 현명하지 못한 아내가 되고 만다. 그 결과 그 책망이 부모에게 돌아가고 그 부모를 부끄럽게 하고 먹칠을 하게 되는데, 그 시작은 모두가 어머니의 가르침이 일찍 이루어지지 못한 때문이다. 이와 같은 부인들은 비록 아들과 딸을 낳았다 할지라도 사실은 돼지를 기르고 쥐를 기르는 것과 같으니, 너무하지 않는가! 어머니로서의 도리에 사리가 분명하지 않으면 안 되는 것이다.

* * * * *

(1) 堪笑今人(감소금인) : 지금 사람들에게 웃음을 참도록 하다.
*堪(견딜 감)

(2) 不能爲主(불능위주) : 주(主)가 될 수 없다. 즉, 줏대 있게 살아가지 못한다는 의미다.

(3) 聽其弄齒(청기농치) : 희롱하는 말을 듣다. "弄齒"는 "희롱하는 치아"라는 말로, 이는 "희롱하는 말"을 의미한다.
*弄(희롱할 롱) *齒(이 치)

(4) 鬪鬧貪杯(투료탐배) : 싸움을 하고 소란을 피우고 술잔을 탐내다.
*鬪(싸움 투) *鬧(시끄러울 료) *貪(탐할 탐)

(5) 謳歌習舞(구가습무) : 노래를 부르고 춤을 익히다.
*謳(노래할 구) *歌(노래 가) *舞(춤출 무)

(6) 官府不憂(관부불우) : 관청을 두려워하지 않다. "官府"는 "관청"을 말하며, "憂"는 "두려워하다"는 뜻으로 쓰였다.
*府(곳집 부) *憂(근심할 우)

(7) 家鄕不顧(가향불고) : 가향을 돌아보지 않다. "家鄕"은 "자기 집이 있는 고향"을 말한다. *鄕(시골 향) *顧(돌아볼 고)

(8) 强梁言語(강량언어) : 함부로 말을 하다. "强梁"은 "난폭하다, 횡포하다, 용맹스럽다"는 뜻이다.

(9) 有玷父母(유점부모) : 부모에게 흠집을 내다. *玷(이지러질 점)

(10) 養猪養鼠(양저양서) : 돼지를 기르고 쥐를 기르다.
*養(기를 양) *猪(돼지 저) *鼠(쥐 서)

(11) 教以詩書(교이시서) : 시서를 가르치다. "詩書"는 "≪시경(詩經)≫과 ≪서경(書經)≫"을 가리킨다.

(12) 任其逞乖調舌(임기령괴조설) : 멋대로 좋지 못한 짓을 즐기고 혀를 나불거리게 내버려 두다. *任(맡길 임) *逞(굳셀 령) *乖(어그러질 괴) *調(고를 조) *舌(혀 설)

(13) 爭鬪酌酒(쟁투작주) : 싸움을 하고 술을 마시다. "爭鬪"는 "싸움을 하는 것"을 말하고, "酌酒"는 "술잔에 술을 따르다"는 말이나, 여기서는 "술을 고래고래 마시는 것"을 의미한다.

*鬪(싸움 투) *酌(따를 작)

(14) 歌唱邪淫(가창사음) : 사악하고 음란한 노래를 부르다.

(15) 教以禮讓(교이예양) : 예의와 양보를 가르치다.

*教(가르칠 교) *禮(예도 례) *讓(사양할 양)

(16) 任其言語好强(임기언어호강) : 멋대로 말을 할 때 억센 것을 좋아하도록 내버려 두다.

(17) 貽誚尊親(이초존친) : 부모에게 책망이 돌아가다. "貽誚"는 "책망을 끼치다"는 말이다. *貽(끼칠 이) *誚(꾸짖을 초)

(18) 羞玷父母(수점부모) : 그 부모를 부끄럽게 하고 먹칠 하다. *羞(부끄러울 수) *玷(이지러질 점)

제9장

집안 경영하기

營家章

1

營家之女는 惟儉惟勤[1]이니 勤則家起하고 懶則家傾하며 儉則家富하고 奢則家貧하나니라

가정을 꾸려가는 여자는 마땅히 검소하고 부지런해야 한다. 부지런하면 가정이 일어나고 게으르면 가정이 기울게 되며, 검소하면 가정이 부유하게 되고 사치를 하면 가정이 가난해 진다.

❑ 왕상 주

此章은 言婦人營運成家之道로 成家不難이니 在勤與儉二者耳已矣니라 蓋勤儉二者는 乃相需而不離[2]로 竝行而不悖[3]니라 勤以裕其儉이요 儉以輔其勤이요 勤而不儉이면 枉勞其身[4]이요 儉而不勤이면 甘受其苦[5]也니라 勤則興하고 懶則敗하며 儉則富하고 奢則貧은 自然之理也니라

이 장은 부인이 가정을 잘 운영해 가는 법도를 말하고 있다. 가정을

잘 만들어간다는 것은 어려운 일이 아니다. 곧 근면함과 검소함 이 둘에 있을 뿐이다. 대개 근면함과 검소함 이 둘은 서로에게 필요한 것이지 따로 떨어질 수 있는 것이 아니므로, 병행을 해도 서로 상충이 되지 않는다. 부지런함으로써 그 검소함이 넉넉하게 되고, 검소함으로써 그 부지런함을 도와주게 된다. 근면하지만 검소하지 않으면 그 몸을 힘들게 하고, 검소하지만 부지런하지 않으면 고생을 감수해야 한다. 부지런하면 흥하게 되고, 게으르면 패하게 되며, 검소하면 부자가 되고 사치를 하면 가난해 진다는 것, 이것은 자연의 이치다.

* * * * *

(1) 惟儉惟勤(유검유근) : 오로지 검소하고 오로지 부지런하다. "惟"는 "오로지, 마땅히"의 뜻이다. *惟(생각할 유, 오직 유)

(2) 相需而不離(상수이불리) : 서로 필요하여 분리하지 않다. 즉, 서로 불가분의 관계를 가진다는 의미다.

(3) 竝行而不悖(병행이불패) : 아울러 행해도 이지러지지 않다. 즉, 같이 동시에 행해도 상충되지 않는다는 의미다.
*竝(아우를 병) *悖(어그러질 패)

(4) 枉勞其身(왕로기신) : 그 몸을 힘들게 하다. *枉(굽을 왕) *勞(일할 로)

(5) 甘受其苦(감수기고) : 그 고생을 달게 받다.

2

凡爲女子에 不可因循(1)이니 一生之計는 惟在於勤하고 一年之計는 惟在於春하고 一日之計는 惟在於寅(2)하니라

무릇 여자인 사람은 낡은 습관을 버리지 못하면 안 된다. 일생의 계획은 오로지 근면함에 있고, 한 해의 계획은 오로지 봄에 있으며, 하루의 계획은 오로지 새벽 인시(寅時)에 있다.

❑ 왕상 주

勤力營家(3)之人은 不可因循懶怠(4)니 遲惧耽延(5)이면 爲身之累(6)不小니라 蓋女子年少能勤이면 則百事精能(7)하여 爲一生之活計요 當春而勤作이면 則衣食精良(8)하여 爲一年之活計요 當晨而勤作이면 則家務整辨(9)하여 爲一日之活計하리라

부지런히 가정을 꾸려가는 사람은 나태한 낡은 습관을 버리지 않으면 안 된다. 느리고 게으르며 시간 끄는 것을 좋아하면 몸에 누를

끼치는 일이 적지 않다. 무릇 여자는 젊어서 부지런해야 모든 일을 꼼꼼하게 할 수 있어서, 이것이 일생을 먹여 살리는 훌륭한 묘수가 될 것이다. 봄이 되었을 때 부지런히 일하면 입을 것과 먹을 것이 차고 넘치게 되니, 이것이 곧 한 해를 사는데 필요한 묘수가 될 것이다. 새벽이 되었을 때 열심히 일을 하면 집안의 일을 빠짐없이 다 할 수가 있어서 하루를 살아가는데 필요한 묘수가 될 것이다.

* * * * *

(1) 不可因循(불가인순) : 답습해서는 안 된다. 즉, 이전의 낡은 습관을 그대로 따라서는 안 된다는 말이다. "因循"은 "과거의 방법이나 제도 · 법령 등을 그대로 따라 답습하는 것"을 말한다. *循(좇을 순)

(2) 惟在於寅(유재어인) : 오직 인시(寅時)에 있다. 즉, 새벽에 있다는 의미다. "寅"은 "십이시(十二時)의 세 번째 시(時)로, 새벽 3시 30분에서 4시 30분까지"를 말한다. 따라서 일반적으로 "인시(寅時)"라 하면 새벽을 일컫는다. *寅(셋째 지지 인)

(3) 勤力營家(근력영가) : 근면하게 가정을 운영하다.
*勤(부지런할 근) *營(경영할 영)

(4) 因循懶怠(인순라태) : 나태한 낡은 습관을 그대로 따르다.
*懶(게으를 라) *怠(게으를 태)

(5) 遲悞耽延(지오탐연) : 느리고 게으르며 시간 끄는 것을 좋아하다. "遲悞"는 "지연을 시키고 게으르다"는 뜻이고, "耽延"은 "미루는 것을 좋아하다"는 뜻이다.
*遲(늦을 지) *悞(그릇할 오) *耽(즐길 탐) *延(끌 연)

(6) 爲身之累(위신지루) : 몸의 누가 되다. 즉, 몸에 누를 끼치게 된다는 의미다.

(7) 百事精能(백사정능) : 모든 일을 정교하게 잘 할 수 있다. "百事"는 "모든 일"을 말하고, "精能"은 "정통(精通)하고 능하다"는 의미다.
(8) 衣食精良(의식정량) : 옷과 음식이 매우 정교하고 훌륭하다. "精良"은 "정교하고 우수하다, 정밀하고 뛰어나다"는 뜻이다.
(9) 家務整辦(가무정판) : 집안의 일을 빠짐없이 모두 잘 처리하다.

3

奉箕擁帚[(1)]하여 灑掃灰塵[(2)]하며 撮除邋遢[(3)]하여 潔静幽淸[(4)]하면 眼前爽利[(5)]하고 家宅光明하리니 莫教穢汚[(6)]하여 有玷門庭[(7)]이니라

쓰레받기를 들고 빗자루로 쓸고, 물을 뿌려 먼지를 청소하고, 지저분한 것들을 모아 치워버림으로써 깨끗하고 조용하고 그윽하고 맑은 기분이 들도록 하면, 눈앞이 상쾌하고 집안이 반짝거릴 것이니, 더러운 것들로 인하여 문과 마당이 지저분하지 않도록 해야 한다.

❑ 왕상 주

箕는 所以盛穢汚[(8)]요 帚는 所以除穢[(9)]也니라 灑

水而掃地는 所以息止灰塵[10]이니라 言淸晨灑掃[11]에 以滌除穢[12]하고 除去邋遢하여 不惟幽雅淸閒하고 而眼前開爽하고 門戶光輝矣니라

쓰레받기는 오물을 담아내기 위한 것이고, 빗자루는 오물을 쓸어내기 위한 것이다. 물을 뿌리고 마당을 쓰는 것은 먼지가 그만 일도록 하기 위한 것이다. 이른 아침에 물을 뿌려 청소를 할 때는, 더러운 것들을 씻어내고 지저분한 것들을 제거하여, 그윽하고 우아하며 청아하고 한가한 느낌이 나게 할 뿐만 아니라, 눈앞이 시원시원하여 마음이 즐겁고 집안이 반짝반짝 빛나게 해야 한다는 것을 말하고 있다.

* * * * *

(1) 奉箕擁帚(봉기옹추) : 쓰레받기를 들고 빗자루를 들다.
*箕(키 기) *擁(안을 옹) *帚(비 추)

(2) 灑掃灰塵(쇄소회진) : 물을 뿌려 먼지를 청소하다.
*灑(뿌릴 쇄) *掃(쓸 소) *灰(재 회) *塵(티끌 진)

(3) 撮除邋遢(촬제랍탑) : 지저분한 것을 모아 버리다. "撮除"는 "모아서 버리다"는 뜻이고, "邋遢"은 "깔끔하지 못하다, 불결(不潔)하다, 지저분하다"는 뜻이다. *撮(취할 촬) *邋(나부낄 랍) *遢(갈 탑)

(4) 潔靜幽淸(결정유청) : 깨끗하고 조용하고 그윽하고 맑다.
*潔(깨끗할 결) *靜(고요할 정) *幽(그윽할 유)

(5) 眼前爽利(안전상리) : 눈앞이 상쾌하다. "爽利"는 "시원시원하다, 시원스럽다"는 뜻이다. *爽(시원할 상)

(6) 莫教穢污(막교예오) : 더럽도록 하지 말라.

*穢(더러울 예) *汚(더러울 오)

(7) 有玷門庭(유점문정) : 문과 마당이 더럽혀지다. "玷"은 "더럽히다"는 뜻이다. *玷(이지러질 점)

(8) 盛穢汚(성예오) : 더러운 오물을 담아내다. "盛"은 "담아내다"는 뜻이다. *盛(담을 성)

(9) 除穢(제예) : 더러운 것을 쓸어내다.

(10) 息止灰塵(식지회진) : 먼지를 그치게 하다. 즉, 먼지가 일어나지 않도록 한다는 의미다. "息止"는 "멈추다, 정지하다"는 뜻이다. "灰塵"은 "먼지"를 말한다. *息(쉴 식) *灰(재 회) *塵(티끌 진)

(11) 淸晨灑掃(청신쇄소) : 이른 아침에 물을 뿌려 청소를 하다. "淸晨"은 "맑은 첫 새벽"을 말하고, "灑掃"는 "물을 뿌려 땅을 쓴다"는 의미다. *淸(맑을 청) *晨(새벽 신) *灑(뿌릴 쇄) *掃(쓸 소)

(12) 滌除穢(척제예) : 더러운 것을 씻어 없애다. "滌除"는 "때나 더러운 것이나 구습 등을 벗기거나 제거해 내는 것"을 말한다.
*滌(씻을 척)

4

耕田下種하여 莫怨辛勤(1)하고 炊羹造飯(2)하여 饋送頻頻(3)이니 莫教遲慢(4)하여 有悞工程(5)이니라

밭을 갈고 씨를 뿌리되, 일이 고되다고 원망하지 말라. 국을 끓이고 밥을 지어 자주자주 보내되, 너무 늦어서 일하는데 착오가 생기지 않도록 해야 한다.

❑ 왕상 주

至於耕種田土에 莫憚勤勞(6)니라 夫耕田而婦饋食(7)하되 茶水均勻하고 時時照顧하여 不可遲延饑餓(8)하여 以悞農工(9)也니라

밭을 경작함에 부지런히 노동하는 것을 꺼리지 말라. 남편이 밭을 갈면 아내는 식사를 장만하되, 찻물을 두루 갖춰 시시때때로 공급을 하며, 너무 늦어 허기가 지고 그로 인해 농사일에 지장이 있게 해서는 안 된다.

* * * * *

(1) 莫怨辛勤(막원신근) : 고생스런 일을 원망하지 말라. "辛勤"은 "고생스런 일에도 아주 부지런한 것"을 말한다.
*怨(원망할 원) *勤(부지런할 근)

(2) 炊羹造飯(취갱조반) : 국을 끓이고 밥을 짓다. "炊羹"은 "국을 끓이다", "造飯"은 "밥을 짓다"는 뜻이다.
*炊(불땔 취) *羹(국 갱) *飯(밥 반)

(3) 饋送頻頻(궤송빈빈) : 음식 보내는 것을 자주하다. "饋送"은 "궤증(饋贈)"과 같은 말로, "선물이나 예물 등을 선물로 주는 것"을 말하고,

"頻頻"은 "자주, 빈번히, 거듭하여"라는 뜻이다.

*饋(먹일 궤) *頻(자주 빈)

(4) 莫教遲慢(막교지만) : 게을러 지체되지 않도록 하라. "教"는 사역의 뜻을 가지며, "遲慢"은 "느리다, 더디다"는 뜻이다.

*遲(늦을 지) *慢(게으를 만)

(5) 有悞工程(유오공정) : 일을 그릇되게 하다. "悞"는 "착오로 일을 망치다"는 뜻이고, "工程"은 "작업이 되어 가는 정도나, 비교적 큰 규모의 공사"를 말한다. *悞(그릇할 오) *程(단위 정)

(6) 莫憚勤勞(막탄근로) : 부지런히 일하는 것을 꺼리지 말라. "莫憚"은 "꺼리지 말라"는 뜻이고, "勤勞"는 "심신을 수고롭게 하여 일에 힘쓰는 것"을 말한다. *憚(꺼릴 탄)

(7) 婦饋食(부궤식) : 아내가 음식을 보내다.

(8) 遲延饑餓(지연기아) : 지연으로 배가 고프다. 즉, 음식을 너무 늦게 보내 허기가 지는 것을 말한다.

*遲(늦을 지) *延(끌 연) *饑(주릴 기) *餓(주릴 아)

(9) 悞農工(오농공) : 농사일을 그르치게 하다. "農工"은 주로 "농업에 종사하는 노동자"를 가리키는 말이지만, 여기서는 "농사를 짓는 일"을 가리킨다.

5

積糠聚屑(1)하여 喂養孳牲(2)하되 呼歸放去(3)하며 檢點搜尋(4)하여 莫教失落하여 擾亂四隣(5)이니라

쌀겨를 모으고 밥찌꺼기를 모아서 가축이 새끼를 많이 낳도록 잘 먹여 기르되, 불러들이기도 하고 풀어놓기도 하면서 점검을 하고 찾아도 보며 잃어버리지 않도록 하고 사방의 이웃사람들을 혼란스럽게 하지 않도록 해야 한다.

❑ 왕상 주

米糖飯屑(6)을 存積以喂牲畜(7)하되 須當照管收放(8)하여 以時檢點無失(9)하고 莫教奔入人家以擾居隣(10)이니라

쌀겨와 잔반을 모아 가축에게 먹이되, 반드시 불러들이고 풀어놓는 일을 잘 관리하여 때때로 잃어버린 것이 없는지 점검을 해야 한다. 남의 집에 들어가 이웃사람들을 어지럽히는 일이 없도록 한다.

* * * * *

(1) 積糠聚屑(적강취설) : 쌀겨를 모으고 부스러기를 모으다. "屑"은 "각종 곡식 부스러기나 음식 찌꺼기"를 말한다.
*積(쌓을 적) *糠(겨 강) *聚(모일 취) *屑(가루 설)

(2) 喂養孳牲(위양자생) : 새끼를 많이 낳도록 먹여 키우다. "喂養"은 "사육을 시키는 것"을 말하고, "孳牲"은 "새끼를 많이 치다"는 뜻이다.
*喂(먹일 위) *孳(많이 낳을 자) *牲(희생 생)

(3) 呼歸放去(호귀방거) : 불러들이고 놓아주다. "呼歸"는 "저녁 때 집으로 돌아오도록 불러들이다"는 뜻이고, "放去"는 "낮에 벌판으로

나가 먹이를 찾아 먹도록 하는 것"을 말한다.

(4) 檢點搜尋(검점수심) : 점검을 하고 찾아보다. "搜尋"은 "이리저리 찾아보는 것"을 말한다. *檢(검사할 검) *搜(찾을 수) *尋(찾을 심)

(5) 擾亂四隣(요란사린) : 사방의 이웃들을 어지럽히다. "擾亂"은 "시끄럽고 떠들썩한 것"을 말하고, "四隣"은 "주위에 있는 이웃사람"을 말한다. *擾(어지러울 요) *亂(어지러울 란) *隣(이웃 린)

(6) 米糠飯屑(미당반설) : 쌀겨와 밥찌꺼기. "米糠"은 "쌀을 도정(搗精)할 때 나오는 겨"를 말하고, "飯屑"은 "식사를 하고 남은 찌꺼기"를 말한다.

(7) 喂牲畜(위생축) : 가축에게 먹이다. "牲畜"은 "가축의 통칭"이다. *牲(희생 생) *畜(쌓을 축, 짐승 축)

(8) 照管收放(조관수방) : 불러들이고 풀어놓는 것을 맡다. "照管"은 "맡아서 보관하다"는 뜻이지만, 여기서는 "돌보다, 관리하다"는 의미다. "收放"은 "거두어 두다, 받아 보관하다"는 뜻이지만, 여기서는 "가축을 불러들이고 풀어놓는 것"을 말한다. *照(비출 조)

(9) 檢點無失(검점무실) : 없어졌는지 점검을 하다.

(10) 擾居隣(요거린) : 이웃사람들을 어지럽게 하다.

6

夫有錢米어든 收拾經營(1)하며 夫有酒物이어든 存積留停(2)하여 迎賓待客이오 不可偷侵(3)이니라

남편에게 돈과 쌀이 있거든 이를 잘 거두어 들여 살림 경영에 쓰고, 남편에게 술이 있거든 잘 보관하고 있다가 손님을 맞이했을 때 대접해야지, 이것을 몰래 훔쳐서는 안 된다.

❑ 왕상 주

夫主錢穀有餘면 必須收藏完固하고 酒食有餘면 不可浪費하며 須留貯以待不時之賓客하여 不可私自飮食也니라

남편에게 돈과 곡식이 좀 여유롭게 있으면 반드시 받아서 잘 간수를 하도록 한다. 술과 음식이 좀 여유롭게 있으면 낭비를 해서는 안 되고, 반드시 잘 보관을 하고 있다가 불시에 손님이 왔을 때 대접하도록 해야지, 사사로이 자기가 마시고 먹어서는 안 된다.

* * * * *

(1) 收拾經營(수습경영) : 거두어 들여 경영하는데 쓰다.

(2) 存積留停(존적유정) : 쌓아두고 보관해 두다. "存積"은 "물건을 저장해 두다, 쌓아두다"는 의미고, "留停"은 "쓰지 않고 보류하여 보관해 두는 것"을 말한다. *積(쌓을 적) *留(머무를 류) *停(머무를 정)

(3) 不可偷侵(불가투침) : 몰래 훔쳐서는 안 된다.
*偷(훔칠 투) *侵(침노할 침)

7

大富는 由命이어니와 小富는 由勤이니 禾麻菽麦을 成栈成囷[1]하며 油鹽椒豉[2]를 盎甕粧盛[3]하며 猪鷄鵝鴨[4]을 成隊成群[5]하며 四時八節[6]에 免得營營[7]하여 酒漿食饌이 各有餘盈하리니 夫婦가 享福하여 懽笑欣欣[8]하리라

큰 부자는 운명에 따라 되는 것이지만, 자그마한 부자는 부지런함으로 말미암는 것이니, 벼 · 깨 · 콩 · 보리를 창고에 가득가득 쌓아두고, 기름 · 소금 · 산초 · 메주를 동이와 항아리에 가득 담아놓으며, 돼지 · 닭 · 거위 · 오리를 무리지어 기르면서, 사시사철 여덟 절기에 오락가락하게 경영만 하지 않으면 술 · 간장 · 음식 · 반찬이 각각 넉넉하게 넘쳐날 것이니, 남편과 아내가 복을 누리고 즐거운 웃음소리와 함께 기뻐할 수 있을 것이다.

❑ 왕상 주

言大富固有天命이나 若衣食豐足이요 日用不窮이면 是爲小富로 則由於勤儉以積之니라 禾稻는

穀也니라 麻는 則芝麻니라 菽은 豆也니라 棧은 大倉이니라 囷은 以荊竹爲之[9]로 頓米之小倉[10]也니라 言麻豆稻麥은 各宜封閉倉棧之中하여 不可抛撒遺漏[11]니라 油鹽椒豉는 蓋藏甕盎之內[12]하여 不可暴露變味[13]니라 鷄猪鵝鴨은 及時畜養[14]하되 各成群隊하여 務期孳生蕃盛[15]이니라 則時節之間[16]의 宴客之日[17]에 豐積有餘하여 而無奔營急措之患[18]이니라 夫婦之間에 豈不綽然[19]有餘裕哉리오

큰 부자는 확실히 천명이 있어서 되는 것이지만, 만일 입고 먹는 것이 풍족하여 일용하는데 부족함이 없다면 이것은 자그마한 부자로서, 곧 부지런함과 검소함이 축적되어 그렇게 된다는 말이다. "화(禾)"와 "도(稻)"는 곡식이요, "마(麻)"는 "깨"를 말한다. "숙(菽)"은 "콩(豆)", "잔(棧)"은 "큰 창고", "균(囷)"은 가시나무와 대나무로 만들어 쌀을 쌓아두는 자그마한 창고다. 깨 · 콩 · 벼 · 보리는 각각 창고에 넣어 밀봉을 해놓고, 아무렇게나 퍼주고 새나가게 해서는 안 된다. 기름 · 소금 · 산초 · 메주는 모두 항아리 안에 보관해 두고 밖으로 드러나서 맛이 변질되도록 해서는 안 된다. 닭 · 돼지 · 거위 · 오리는 그 철에 맞춰 기르되 각각 떼를 지어 새끼가 잘 번식되도록 노력해야 한

다. 그렇게 되면 기회가 되어 손님을 대접해야 하는 날, 풍성하게 쌓인 음식이 넉넉하여 급히 마련하기 위해 동분서주할 걱정이 없게 될 것이다. 그러면 부부간에 어찌 여유와 넉넉함이 있지 않겠는가?

*****

(1) 成棧成囷(성진성균) : 풍성하게 창고에 가득 쌓아두다. "棧"은 "많고도 성한 모습"을 말하기 때문에 "成棧"은 "풍성하다"는 말이 되고, "囷"은 "곳집"을 말하기 때문에 "成囷"은 "창고에 쌓아두다"는 말이 된다. *棧(잔도 잔, 성할 진) *囷(곳집 균)

(2) 油鹽椒豉(유염초시) : 기름 · 소금 · 산초 · 메주. "豉"는 "메주나 된장"을 말한다.

*油(기름 유) *鹽(소금 염) *椒(산초나무 초) *豉(메주 시)

(3) 盎甕粧盛(앙옹장성) : 항아리에 잘 담다. "盎甕"은 "물건을 담을 수 있는 동이와 항아리"를 말하고, "粧盛"은 "잘 손질하여 담다"는 말이다. *盎(동이 앙) *甕(독 옹) *粧(단장할 장) *盛(담을 성)

(4) 猪鷄鵝鴨(저계아압) : 돼지 · 닭 · 거위 · 오리.

*猪(돼지 저) *鷄(닭 계) *鵝(거위 아) *鴨(오리 압)

(5) 成隊成群(성대성군) : 무리를 이루다. *隊(대 대) *群(무리 군)

(6) 四時八節(사시팔절) : 네 철과 여덟 절기. "八節"은 이십사절기(二十四節氣) 가운데 여덟 절기(節氣)로, 입춘(立春) · 춘분(春分) · 입하(立夏) · 하지(夏至) · 입추(立秋) · 추분(秋分) · 입동(立冬) · 동지(冬至)를 말한다.

(7) 免得營營(면득영영) : 오락가락하지 않도록 하다. "免得"은 "~하지 않도록"이란 말이고, "營"은 "오락가락하다"는 뜻이다.

*免(면할 면) *營(경영할 영)

(8) 懽笑欣欣(환소흔흔) : 즐거운 웃음으로 기뻐하다. "懽笑"는 "기쁘게 웃는 것"을 말하고, "欣欣"은 "기뻐하는 것"을 말한다.

*懽(기뻐할 환) *欣(기뻐할 흔)

(9) 以荊竹爲之(이형죽위지) : 가시나무와 대나무로 그것을 만들다. "之"는 "창고"를 가리킨다. *荊(가시나무 형)

(10) 頓米之小倉(돈미지소창) : 쌀을 쌓아두는 작은 창고. "頓米"는 "쌀을 배치하다", 즉, "쌀을 쌓아둔다"는 의미다. *頓(조아릴 돈) *倉(곳집 창)

(11) 抛撒遺漏(포살유루) : 흩뿌리고 새나가다. 즉, 퍼주거나 새나가는 것을 의미한다. "抛撒"은 "던져서 흩뿌리다"는 뜻이고, "遺漏"는 "빠뜨리다, 누락하다"는 의미다.
*抛(던질 포) *撒(뿌릴 살) *遺(끼칠 유) *漏(샐 루)

(12) 藏甕盎之內(장옹앙지내) : 항아리와 동이 안에 넣어두다. "藏"은 "보관하다", "甕盎"은 "항아리와 동이"를 가리킨다.

(13) 暴露變味(폭로변미) : 밖으로 드러나 맛이 변질되다. "變味"는 "맛이 변하다"는 뜻이다. *暴(사나울 폭) *露(이슬 로, 드러날 로)

(14) 及時畜養(급시축양) : 때에 맞춰 사육을 하다. "及時"는 "시기적절하다, 때에 맞다"는 뜻이고, "畜養"은 "동물을 사육하다"는 뜻이다.

(15) 務期孳生蕃盛(무기자생번성) : 새끼가 잘 번식되기를 기하다. "務期"는 "반드시 ~하기를 기하다, 필히 ~하기를 기약하다"는 뜻이고, "孳生"은 "새끼가 태어나다"는 뜻이며, "蕃盛"은 "자손이 늘어 퍼지는 것"을 말한다. *務(힘쓸 무) *期(기약할 기) *孳(부지런할 자) *蕃(우거질 번) *盛(담을 성, 성할 성)

(16) 時節之間(시절지간) : 시절의 사이. 즉, 기회가 되었을 때를 말한다.

(17) 宴客之日(연객지일) : 손님을 초대하여 잔치를 하는 날. "宴客"은 "손님을 초대하여 잔치를 벌이다"는 의미다. *宴(잔치 연)

(18) 無奔營急措之患(무분영급조지환) : 급하게 계획을 하고 갑자기 처리를 해야 할 걱정이 없다.
*奔(달릴 분) *營(경영할 영) *急(급할 급) *措(둘 조)

(19) 綽然(작연) : 여유가 있는 모양. *綽(너그러울 작)

제10장

손님 접대하기

待客章

1

大抵人家에 皆有賓主할새 滚滌壺瓶(1)하며 抹光棄子(2)하여 準備人來하며 點湯遞水(3)하고 退立堂後하여 聽夫言語니라

무릇 집집마다 손님이 있고 주인이 있기 마련이니, 주전자와 병을 흐르는 물에 깨끗이 씻어 놓고, 탁자를 빛이 나도록 닦아 사람이 올 것을 준비하며, 탕을 올리고 물을 바치고 나서는 대청 뒤로 물러나와 서서 남편이 하는 말을 듣도록 한다.

❑ 왕상 주

此章은 言佐夫待客之事니라 壺瓶은 必須滾水滌洗(4)하고 盤棄(5)은 必須措抹光輝(6)니라 設有客來면 便于款待(7)니라 欲留飮酌(8)이면 須立堂後하고 聽夫指令하여 以便整備(9)하니라

이 장에서는 남편이 손님을 접대하는 것을 도와주는 일을 말하고 있다. 주전자와 병은 반드시 흐르는 물에 깨끗이 씻고, 탁자를 반드

시 빛이 나도록 닦아 놓는다. 그래야 만약에 손님이 오면 접대하기가 편하게 된다. 자리에 머물면서 술을 따라야할 일이 있을 것 같으면 대청 뒤에 서 있다가 남편이 지시하는 소리를 들어, 정돈하고 준비하는 데 불편함이 없도록 한다.

* * * * *

(1) 滾滌壺瓶(곤척호병) : 주전자와 병을 물에 씻다. "滾滌"은 "흐르는 물에 깨끗이 씻는 것"을 말하고, "壺瓶"은 "주전자와 병"을 말한다. *滾(흐를 곤) *滌(씻을 척) *壺(병 호) *瓶(병 병)

(2) 抹光槖子(말광탁자) : 탁자를 문질러 광을 내다. "抹光"은 "문질러 빛나게 하다", "槖子"는 글자대로 풀이한다면 "전대, 주머니"의 뜻이 되지만 여기서는 문맥상 찻상용 "탁자"로 의역하는 것이 좋을 듯하다. *抹(바를 말) *槖(자루 탁)

(3) 點湯遞水(점탕체수) : 탕을 올리고 물을 바치다. "點湯"은 "선종(禪宗)에서 불전(佛典) 또는 대중(大衆)에게 차를 끓여 공양(供養)하는 일"을 말한다. 그러나 때로는 전(轉)하여 "사자(死者)의 영전(靈前)에 차를 올리는 일"을 일컫기도 한다. 여기서는 전자(前者)의 의미로 사용되었다. "遞水"는 "물을 전하다"는 말이다. *遞(갈마들 체)

(4) 滾水滌洗(곤수척세) : 흐르는 물에 씻다. "滾水"는 "흐르는 물", "滌洗"는 "세척하다"는 의미다.

(5) 盤槖(반탁) : 형태 또는 기능이 접시와 비슷한 탁자. *盤(소반 반)

(6) 措抹光輝(조말광휘) : 닦아서 빛이 나게 처리하다. "措抹"은 "닦다"는 의미이고, "光輝"는 "빛나다"는 의미이다. *措(둘 조) *輝(빛날 휘)

(7) 便于款待(편우관대) : 접대하기에 편하다. "便于"는 "~에 편리하다"는 뜻이고, "款待"는 "친절하게 대하거나 정성껏 대접하는 것"을 말한다. *便(편할 편) *款(정성 관) *待(대할 대)

(8) 欲留飮酌(욕류음작) : 머물면서 술을 마시고자 하다. "欲留"는 "머물고자 하다", "飮酌"은 "술을 마시다"는 의미다. *留(머무를 류) *飮(마실 음) *酌(따를 작)

(9) 以便整備(이편정비) : 정돈하고 준비하기에 편하다. *整(가지런할 정) *備(갖출 비)

2

細語商量(1)하여 殺鷄爲黍(2)하여 五味調和하며 菜蔬齊楚(3)하고 茶酒淸香(4)하면 有光門户(5)하리라

나직한 소리로 상의하여 닭도 잡고 밥도 지어 다섯 가지 맛으로 조화를 맞추며, 반찬을 가지런히 하고 산뜻하게 하며, 차와 술을 맑고 향기롭게 하면 집안이 빛나게 될 것이다.

❑ 왕상 주

有客在外에 輕言細語로 與夫商量(6)하되 稱家有無(7)하고 隨其豐儉하여 必須滋味調和適口(8)하고 整置齊楚豐潔(9)하고 茶鍾酒具(10)를 精雅光瑩하

고 其味淸香馥烈[(11)]하여 使客讚美稱賢[(12)]이면 則於門戶에 有光矣리라

손님이 밖에 있으면 가볍고 나직한 소리로 남편과 상의를 한다. 집안에 있는 것과 없는 것을 따져보고, 많으면 많은대로 적으면 적은대로 그 상황에 따르되, 반드시 맛을 잘 조화시켜 입맛에 맞도록 하고, 반찬은 가지런하게 하여 넉넉하고 깨끗하게 차리며, 차와 술을 마시는데 필요한 잔과 도구들을 정갈하고 깨끗하게 하며, 그 맛을 아주 맑고 향기롭게 하여 그 손님이 아름다움과 현숙함을 칭찬하게 되면 집안이 빛나게 될 것이다.

＊＊＊＊＊

(1) 細語商量(세어상량) : 가는 소리로 의논하다. 즉, 소리를 낮춰 소곤소곤 상의하는 것을 말한다. *細(가늘 세) *語(말씀 어) *商(헤아릴 상) *量(헤아릴 량)

(2) 殺鷄爲黍(살계위서) : 닭을 잡고 밥을 짓다. "黍"는 "기장"을 말하는데, 여기서는 "곡식"을 대표하고 있으므로, "爲黍"라고 하면 "밥을 짓는다"는 의미가 된다. *殺(죽일 살) *鷄(닭 계) *黍(기장 서)

(3) 菜蔬齊楚(채소제초) : 반찬을 가지런히 하고 산뜻하게 하다. "菜蔬"는 "집이나 연회에서 준비하는 각종 요리"를 가리키며, "齊"는 "가지런하다", "楚"는 "산뜻하다"는 의미다.
*菜(나물 채) *蔬(푸성귀 소) *齊(가지런할 제) *楚(초나라 초)

(4) 茶酒淸香(차주청향) : 차와 술이 맑고 향기롭다.

(5) 有光門戶(유광문호) : 집안이 빛나다. "有光"은 "빛이 있다", 즉, "빛이

나게 되다"는 의미고, "門户"는 "출입하는 문"이라는 말이지만, 여기서는 "집안, 가정"의 뜻으로 쓰였다.

(6) 與夫商量(여부상량) : 남편과 상의하다. "與"는 "~와(과)", "商量"은 "상의하다"는 의미다. *與(줄 여, 더불 여)

(7) 稱家有無(칭가유무) : 집안에 있는 것과 없는 것을 헤아려보다. "稱"은 "저울질을 해 보다", 즉, "따져보고 확인해 보는 것"을 말한다.

(8) 滋味調和適口(자미조화적구) : 맛을 잘 조화시켜 입맛에 맞도록 하다. "滋味"는 "맛", "調和"는 "배합을 알맞게 하다", "適口"는 "입맛에 적당하다"는 의미다.
*滋(불을 자) *味(맛 미) *調(고를 조) *適(맞을 적)

(9) 整置齊楚豐潔(정치제초풍결) : 가지런하고 넉넉하고 깨끗하게 차리다. "整置"는 "가지런하게 차리다", "齊楚"는 "가지런하고 산뜻하다", "豐潔"은 "넉넉하고 정갈하다"는 의미다.
*整(가지런할 정) *置(둘 치) *豐(풍년 풍) *潔(깨끗할 결)

(10) 茶鍾酒具(차종주구) : 찻잔과 주기(酒器). "茶鍾"은 "차를 따라 마시는 종지"를 말하고, "酒具"는 "주기(酒器), 즉, 술을 따라 마시는데 필요한 도구"를 말한다. *鍾(종 종, 술잔 종) *具(갖출 구)

(11) 淸香馥烈(청향복렬) : 아주 맑고 향기롭다. "淸香"은 "맑고 깨끗한 향기"를 말하고, "馥烈"은 "향기가 진하다"는 의미다.
*淸(맑을 청) *香(향기로울 향) *馥(향기 복) *烈(세찰 렬)

(12) 讚美稱賢(찬미칭현) : 아름답다고 칭찬하고 현숙하다고 일컫다. "讚美"는 "아름다움을 칭찬하다", "稱賢"은 "어질다고 일컫다"는 말이다. *讚(기릴 찬) *賢(어질 현)

3

紅日含山[1]하여 晩留居住[2]어든 點燭擎燈[3]하여 安排坐具[4]하되 枕席紗廚[5]며 鋪氈疊被[6]하여 欽敬相承[7]하되 溫涼得趣[8]케하고 次曉相看[9]이니 客如辭去[10]어든 別酒殷勤[11]하여 十分留意[12]하면 夫喜能家[13]하고 客稱曉事[14]하리라

붉은 해가 서산으로 지고, 날이 저물어 손님이 머물게 되면, 촛불을 켜고 등불을 높이 매달아 놓는다. 앉을 자리와 베개와 돗자리 및 옷궤 등을 안배해 놓고, 담요는 깔아놓고 이불은 포개 놓되 공경한 마음으로 받들어 모신다. 따뜻하고 시원함은 손님의 취향에 따르며, 다음날 새벽에도 극진히 대접한다. 손님이 만약에 떠나겠다고 하면 이별주를 정성껏 올리면서 최대한 뜻을 다하면 남편은 집안일에 능하다고 기뻐할 것이요, 손님은 일을 아주 잘 한다고 칭찬할 것이다.

❏ 왕상 주

如日晩途遙客不能歸[15]면 必預爲整頓房舍하고 按排坐臥之具니라 床帳枕席氈被[16]를 鋪疊整齊

하고 冷暖溫涼俱合其宜니라 次早仍備酒食하고 以俟其行[17]이면 則待客之禮可謂周全[18]이니라 夫喜其能治家요 客喜其能知禮矣니라

만일에 날이 저물었는데 갈 길이 멀어 손님이 돌아갈 수가 없게 되면 반드시 묵을 방을 잘 정리하고 앉을 자리와 잠을 잘 때 필요한 물건들을 잘 안배해야 한다. 침대와 휘장, 베개와 돗자리, 담요와 이불을 가지런하게 펴 놓거나 잘 접어놓되, 서늘하게 할 것인지 따뜻하게 할 것인지는 적절하게 맞추도록 한다. 다음날 아침에도 역시 술과 음식을 갖추어 손님이 떠날 것을 기다리게 되면 손님을 대접하는 예를 완벽하게 했다고 말할 수 있다. 남편은 아내가 집안일을 잘 처리한다고 좋아할 것이요, 손님은 그 부인이 예를 안다고 좋아할 것이다.

* * * * *

(1) 紅日含山(홍일함산) : 붉은 해가 서산으로 지다. "紅日"은 "붉은 빛깔을 띠었을 때의 해", 즉, "낮에 떠 있던 태양"이라는 말이고, "含山"은 "산을 머금다", 즉, "서산으로 기울다"는 말이다.
*紅(붉을 홍) *含(머금을 함)

(2) 晩留居住(만류거주) : 날이 저물어 손님이 머물다. "晩留"는 "때가 늦어서 머물다"는 뜻이고, "居住"는 "일정한 곳에 자리를 잡아 머무르는 것"을 말한다. *晩(늦을 만) *留(머무를 류) *居(살 거)

(3) 點燭擎燈(점촉경등) : 촛불을 켜고 등을 높이 매달다. "點燭"은 "촛불을 켜다", "擎燈"은 "등을 높이 들다", 즉, "등불을 높다랗게 매달아 놓는 것"을 말한다.

*點(점 점) *燭(촛불 촉) *擎(들 경) *燈(등잔 등)

(4) 安排坐具(안배좌구) : 앉을 자리를 안배하다.
*排(밀칠 배) *坐(앉을 좌) *具(갖출 구)

(5) 枕席紗廚(침석사주) : 베개와 자리와 옷궤. "枕席"은 "베개와 자리", "紗廚"는 "옷 등을 보관하는 궤짝"을 말한다.
*枕(베개 침) *席(자리 석) *紗(깁 사) *廚(부엌 주)

(6) 鋪氈疊被(포전첩피) : 담요는 펴고 이불은 포개다. "鋪氈"은 "담요를 펼치다", "疊被"는 "이불을 개다"는 뜻이다.
*鋪(펼 포) *氈(양탄자 전) *疊(겹쳐질 첩) *被(이불 피)

(7) 欽敬相承(흠경상승) : 공경하는 마음으로 받들다. "欽敬"은 "흠모하고 공경하다", "相承"은 "받들다"는 말이다.
*欽(공경할 흠) *敬(공경할 경) *承(받들 승)

(8) 溫涼得趣(온량득취) : 시원하고 따뜻함을 취향에 따르다. "得趣"는 "뜻에 따라 취하다"는 뜻이다.
*溫(따뜻할 온) *涼(서늘할 량) *趣(달릴 취, 뜻 취)

(9) 次曉相看(차효상간) : 다음날 새벽에도 주시하다. "次曉"는 "다음 새벽", 즉, "다음날 아침"을 의미하고, "相看"은 "주시하다, 대하다"는 의미다. *次(버금 차) *曉(새벽 효) *看(볼 간)

(10) 客如辭去(객여사거) : 손님이 만약에 떠난다고 인사를 한다면. "如"는 "만약에", "辭去"는 "떠난다는 하직 인사를 하다"는 뜻이다.
*辭(말씀 사)

(11) 別酒殷勤(별주은근) : 이별주에 정성을 다하다. "別酒"는 "이별주", "殷勤"은 "慇懃"과 같은 뜻으로, "정성껏"이란 말이다. *別(나눌 별) *殷(성할 은) *勤(부지런할 근) *慇(은근할 은) *懃(은근할 근)

(12) 十分留意(십분유의) : 십분 마음을 다 하다. "十分"은 "아주, 대단히", "留意"는 "잊지 않고 마음에 새겨 두는 것"을 말한다.

(13) 夫喜能家(부희능가) : 집안일에 능하다고 남편이 기뻐하다. "能家"는

"집안일을 잘 경영해 가는 것"을 말한다.

*喜(기뻐할 희) *能(능할 능)

(14) 客稱曉事(객칭효사) : 일에 밝다고 손님이 칭찬하다. "曉"는 "밝다"는 뜻으로 쓰였다. 따라서 "曉事"는 "일에 밝다, 일을 잘 처리하다"는 의미가 된다.

(15) 途遙客不能歸(도요객불능귀) : 길이 멀어 손님이 돌아갈 수가 없다. "途遙"는 "길이 멀다", 즉, "돌아갈 길이 너무 멀다"는 뜻이다. "不能歸"는 "돌아갈 수가 없다"는 말이다.

*途(길 도) *遙(멀 요) *歸(돌아갈 귀)

(16) 床帳枕席氈被(상장침석전피) : 침대와 휘장, 베개와 돗자리, 담요와 이불. "床帳"은 "침대와 휘장", "枕席"은 "베개와 자리", "氈被"는 "담요와 이불"을 가리킨다. *床(침상 상) *帳(휘장 장)

(17) 俟其行(사기행) : 그가 가는 것을 기다리다. 즉, 손님이 집에서 떠나가는 것을 기다린다는 뜻이다. *俟(기다릴 사)

(18) 可謂周全(가위주전) : 빈틈이 없다고 말할 만하다. "可謂"는 "말할 수 있다", "周全"은 "주도면밀하다", "빈틈없다"는 말이다.

*謂(이를 위) *周(두루 주)

4

莫學他人의 不持家務(1)니 客來無湯하여 荒忙失措(2)하며 夫若留人하면 妻懷嗔怒(3)하여 有筋無匙(4)하며 有鹽無醋(5)하고 打男罵女(6)하며 爭啜爭哺(7)하면 夫受慚惶(8)하고 客懷羞懼(9)니라

다른 사람이 집안일을 제대로 유지하지 못하는 그런 점은 배우지 말라. 손님이 왔는데 탕이 없어 당황하여 허둥지둥 어찌할 바를 모르고, 남편이 만일 그 손님에게 머물다가 가라고 하면 아내는 화를 품어, 젓가락은 있지만 숟가락이 없고, 소금은 있지만 초가 없으며, 남자애를 때리고 딸애를 꾸짖으며, 전쟁이라도 하듯 마시고 먹으면, 남편은 부끄러운 마음과 함께 두려운 마음이 들게 될 것이요, 손님은 수치심과 함께 걱정을 하게 될 것이다.

❑ 왕상 주

言不賢之婦는 閒時不理家務(10)하여 客來愴惶無措하고 茶湯不具니라 夫若留客이면 嗔怪不容(11)하여 勉强留賓(12)이나 而匙筯不全하고 鹽醋不備니라 有客在堂에 打兒罵女하고 爭鬧飮食(13)하여 醜惡之聲(14)이 揚于外庭(15)이니 則夫面無顔(16)하여 而增慚愧之容(17)하고 客受侮慢(18)하여 而有羞怒之色(19)矣니라

어질지 못한 아내는 한가할 때 집안일을 신경 쓰지 않고 있다가, 손님이 오면 당황하여 어찌할 바를 모르고 차나 탕도 제대로 차려내지 못한다. 남편이 만일에 손님더러 머물렀다 가라고 하면 화를 내며 그

것을 받아들이지 못하고, 억지로 손님을 머물게 하지만 수저도 제대로 내놓지 못하고 소금이나 초도 제대로 갖추지 못한다. 손님이 대청에 앉아 있는데 사내아이를 때리고 여식아이를 나무라며 음식을 다투듯이 먹어, 그 추악한 소리가 바깥마당까지 퍼지니 남편은 무안하여 부끄러운 모습이 더 역력해 지고, 손님은 모욕을 당하여 수치심에 노한 기색을 띠게 된다는 말이다.

* * * * *

(1) 不持家務(불지가무) : 집안일을 유지하지 못하다. "持"는 "지키다, 지탱하다", "家務"는 "집안 일"을 가리킨다. *持(가질 지) *務(일 무)

(2) 荒忙失措(황망실조) : 당황하여 허둥지둥하느라 조치를 제대로 하지 못하다. "荒忙"은 "당황하다", "失措"는 "조치를 잘못하다"는 뜻이다. *荒(거칠 황) *忙(바쁠 망) *失(잃을 실) *措(둘 조)

(3) 妻懷嗔怒(처회진노) : 아내가 진노함을 품다. "懷嗔怒"는 "화를 품다, 화를 내다"는 의미다. *懷(품을 회) *嗔(성낼 진) *怒(성낼 노)

(4) 有筯無匙(유저무시) : 젓가락은 있으나 숟가락이 없다.
*筯(젓가락 저) *匙(숟가락 시)

(5) 有鹽無醋(유염무초) : 소금은 있으나 식초가 없다.
*鹽(소금 염) *醋(초 초)

(6) 打男罵女(타남매녀) : 남자애를 때리고 여자애를 나무라다.
*打(때릴 타) *罵(욕할 매)

(7) 争啜争哺(쟁철쟁포) : 전쟁하듯 마시고 싸우듯 먹다.
*争(다툴 쟁) *啜(마실 철) *哺(먹을 포)

(8) 夫受慚惶(부수참황) : 남편이 부끄러운 마음과 두려운 마음이 들다. "慚惶"은 "부끄러워하고 두려워하다"는 뜻이다.

*慚(부끄러워할 참) *惶(두려워할 황)

(9) 客懷羞懼(객회수구) : 손님은 수치심과 두려운 마음을 갖다. "羞懼"는 "부끄러워하고 두려워하는 것"을 말한다.

*羞(부끄러울 수) *懼(두려워할 구)

(10) 閒時不理家務(한시불리가무) : 한가할 때 집안일에 신경을 쓰지 않다. "閒時"는 "한가한 때, 일이 없을 때", "不理"는 "방치하다, 신경을 쓰지 않다"는 말이다. *閒(틈 한)

(11) 嗔怪不容(진괴불용) : 꾸짖으며 용납을 하지 못하다. "嗔怪"는 "다른 사람의 말이나 행동을 꾸짖다"는 말이고, "不容"은 "받아들이지 않다, 용납하지 않다"는 말이다.

*嗔(성낼 진) *怪(기이할 괴) *容(얼굴 용)

(12) 勉强留賓(면강류빈) : 억지로 손님을 머물게 하다. "勉强"은 "억지로", "留賓"은 "손님을 머물도록 하다"는 뜻이다.

*勉(힘쓸 면) *强(굳셀 강) *留(머물 류)

(13) 爭鬧飮食(쟁료음식) : 음식을 전쟁하듯 요란스럽게 먹다. "爭鬧"는 "전쟁을 하듯 요란스럽다"는 뜻이다.

*爭(다툴 쟁) *鬧(시끄러울 료) *飮(마실 음) *食(먹을 식)

(14) 醜惡之聲(추악지성) : 추악한 소리. "醜惡"은 "생김새나 행위, 마음씨 등이 추악하다"는 뜻이다. *醜(추할 추) *惡(악할 악) *聲(소리 성)

(15) 揚于外庭(양우외정) : 뜰 밖에까지 퍼지다. "揚"은 "드날리다, 퍼지다"는 뜻이고, "外庭"은 "뜰 밖, 집 밖"이란 뜻이다.

*揚(오를 양) *于(어조사 우) *庭(뜰 정)

(16) 夫面無顔(부면무안) : 남편의 얼굴에 체면이 서지 않다. "無顔"은 "얼굴이 없다", 즉, "체면이 없다"는 의미다. *顔(얼굴 안)

(17) 慚愧之容(참괴지용) : 부끄러운 얼굴. "慚愧"는 "부끄럽다"는 뜻이고, "容"은 "얼굴"이다. *慚(부끄러울 참) *愧(부끄러워할 괴)

(18) 客受侮慢(객수모만) : 손님이 모욕을 당하다. "侮慢"은 "깔보다, 얕보

다, 업신여기다, 경멸하다"는 뜻이다.
*侮(업신여길 모) *慢(게으를 만)

(19) 羞怒之色(수노지색) : 수치심과 노한 기색. "羞怒"는 "부끄러워하고 노하다"는 뜻이다. *羞(부끄러울 수) *怒(성낼 노)

5

有客到門하되 無人在户어든 須遣家童하여 問其來處니 客若殷勤[(1)]하야 卽通名字어든 當見則見하고 不見則避하되 敬待茶湯하여 莫缺禮數[(2)]하고 記其姓名하며 詢其事務하여 等得夫歸[(3)]하여 卽當說訴[(4)]니 奉勸後人하나니 切依規度니라

어떤 손님이 대문 앞에까지 찾아왔을 때, 집안에 가장이 없으면 반드시 집안의 어린애를 보내 그 사람이 어느 곳에서 왔는지를 물어보아야 한다. 손님이 만약에 정중하게 이름을 밝혔을 경우, 만나 봐야할 사람이면 만나고 만나보지 않아도 되면 피하되, 차와 탕으로 공경하게 대하여 예의에 벗어나지 않도록 해야 한다. 그의 성명을 기억해 놓고 그의 용무를 물어 놓은 다음 남편이 돌아오기를 기다렸다가 그 내

용을 알려 주어야 마땅하다. 후대 사람들에게 삼가 권하는 바, 반드시 이러한 법도를 따라야 한다.

❏ 왕상 주

言夫若出門에 有客至時면 須令家童接待請坐하고 問其姓字하고 有何事務니라 或有內親長者當見[(5)]이면 則延入後堂而拜禮之하고 不當見者則回避니라 遣人敬奉茶湯하고 詳記事務하여 俟夫至而陳說分明[(6)]하여 不可差悞[(7)]款客之道[(8)]盡矣니라

남편이 만약 외출을 했을 때 어떤 손님이 찾아오면, 반드시 집안의 어린애를 시켜 자리에 앉도록 하여 접대를 하도록 하고, 그의 성명과 어떤 일로 왔는지를 물어야 한다. 혹시 집안의 친척이나 어른이 마땅히 만나 봐야할 사람이면 별당으로 모시고 가서 절을 하고 예의를 다할 것이지만, 만나보지 않아도 될 사람이면 피하도록 한다. 사람을 보내서 차와 탕을 공경하는 마음으로 바치게 하고 찾아온 용무를 상세하게 기억해 놓고, 남편이 돌아오기를 기다렸다가 분명하게 알려주어서 손님을 접대하는 도의를 다하여 실수하는 일이 있어서는 안 된다는 말이다.

* * * * *

(1) 客若殷勤(객약은근) : 손님이 만약에 태도가 겸손하고 정중하면.

(2) 莫缺禮數(막결례수) : 예의에 벗어나지 않도록 하다. "莫缺"은 "결핍됨이 없도록 하다"는 뜻이고, "禮數"는 "예의와 예법"을 말한다. *莫(말 막) *缺(이지러질 결) *禮(예도 례) *數(셀 수)

(3) 等得夫歸(등득부귀) : 남편이 돌아오기를 기다리다. "等得"은 "기다리다"는 뜻이다. "夫歸"는 "남편의 귀가"라는 뜻이다.
*等(기다릴 등) *得(얻을 득)

(4) 即當說訴(즉당설소) : 바로 말해야 마땅하다. "即"은 "바로, 즉시", "當"은 "～함이 마땅하다", "說訴"는 "알리다, 말하다"는 뜻이다.
*即(곧 즉) *訴(하소연할 소)

(5) 內親長者當見(내친장자당견) : 내친이나 어른이 마땅히 만나보다. "內親"은 "처가속(妻家屬)", 즉, "아내와 친족 관계에 있는 친척"을 말하며, "長者"는 "어른", "當見"은 "마땅히 만나보다"는 뜻이다.
*親(친할 친)

(6) 俟夫至而陳說分明(사부지이진설분명) : 남편이 이르기를 기다렸다가 분명하게 설명하다. "俟"는 "기다리다", "陳說"은 "설명하다"는 뜻이다. *俟(기다릴 사) *陳(늘어놓을 진)

(7) 差悞(차오) : 잘못되다. 실수를 하다. *差(어긋날 차) *悞(그릇할 오)

(8) 款客之道(관객지도) : 손님을 대접하는 도의. "款客"은 "손님을 대접하다"는 뜻이다. *款(정성 관)

제11장

화목하게 지내기

和柔章

1

處家之法[1]은 婦女須能以和爲貴[2]하여 孝順爲尊이니 翁姑嗔責이어시든 曾如不曾[3]하고 上房下户[4]의 子姪을 宜親이니 是非休習[5]하며 長短休爭[6]하라 從來家醜[7]는 不可外聞[8]이니라

가정을 돌보는 법도에서 부녀자는 모름지기 화목함을 귀하게 여기고 효도와 순종을 높이 볼 줄 알아야 한다. 시부모가 화를 내고 꾸짖거든 일찍이 그런 적이 있었더라도 그런 적이 없었던 것처럼 하고, 위채와 아래채의 자식과 조카들을 마땅히 친하게 대해야 하며, 옳고 그름을 따지는 습성을 버리고, 잘나고 못난 점으로 다투지 말아야 한다. 지금까지 내려온 집안의 추한 일은 밖으로 들리지 않도록 해야 한다.

❑ 왕상 주

此章言和柔之道니라 陽剛陰柔[9]는 男女之義也니라 故處家者以柔和爲貴요 事親者以柔順爲先[10]이니라 翁姑如有言語嗔責이어든 雖曾猶如不曾

하고 謹記其失而改之[11]하고 不可記怨於心也니라 同房共戶의 幼小子侄之輩[12]는 宜憐愛而親恤之[13]니라 妯娌姑嫂之間[14]에 不可談論是非하고 爭競長短이니라 彼雖有醜惡之事라도 旣在至親[15]이면 卽如我之不幸[16]이니 豈可彰聞于外[17]以自揚其家醜[18]也오

이 장에서는 온화하고 부드러운 덕행을 말하고 있다. 양(陽)은 강직하고 음(陰)은 유순한 것이 남녀의 마땅한 이치이다. 그렇기 때문에 가정을 돌보는 자는 부드럽고 온화함을 귀하게 여기고, 웃어른을 모시는 자는 유순함을 우선으로 삼아야 한다. 시부모가 만일에 말로 화를 내고 꾸짖으면 비록 이전에도 그런 적이 있었다 할지라도 그런 적이 없었던 것처럼 여기고, 그 잘못한 점을 잘 기억했다가 고치되 그 원망함을 마음에 남겨두어서는 안 된다. 같은 방 같은 집에 사는 어린 자식과 조카들은 어여삐 여기고 사랑하며 친히 잘 보살펴야 한다. 동서나 시누이나 올케 간에 옳고 그름으로 말다툼을 하거나, 장단점을 가지고 서로 다투고 겨루기를 해서는 안 된다. 다른 사람에게 추악한 일이 있다 할지라도 그것이 지친(至親)인 이상 곧 나의 불행과 같은 것이니, 어찌 스스로 가정의 추악한 일을 들추어 바깥에 드러낼 수 있겠는가?

* * * * *

(1) 處家之法(처가지법) : 가정을 잘 보살피는 법도. “處家”는 “가정을 보살피다”는 뜻이다. *處(거처할 처)

(2) 以和爲貴(이화위귀) : 화목함을 귀하게 여기다.

(3) 曾如不曾(증여불증) : 있었던 것이 없었던 것과 같다. 즉, 일찍이 좋지 못한 일이 있었다 하더라도 없었던 것과 같이 여긴다는 의미다. *曾(일찍 증)

(4) 上房下户(상방하호) : 위채와 아래채.

(5) 是非休習(시비휴습) : 옳고 그름을 따지는 것을 배우지 말라. “是非”는 “시빗거리, 옳고 그름”, “休習”은 “익히지 말라”는 말이다.

(6) 長短休爭(장단휴쟁) : 장단점에 대하여 다투지 말라. “長短”은 “장점과 단점, 잘난 점과 못난 점”, “休爭”은 “다투지 말라”는 뜻이다.

(7) 從來家醜(종래가추) : 지금까지 내려오는 집안의 추한 점. “從來”는 “지금까지”, “家醜”는 “가정 내에서 일어난 불미스러운 일”, 즉, “가정망신”을 말한다. *醜(추할 추)

(8) 不可外聞(불가외문) : 밖에서 들을 수 있게 해서는 안 되다. “外聞”은 “집안 이야기가 밖으로 새나가 들리게 되는 것”을 말한다.

(9) 陽剛陰柔(양강음유) : 양은 강하고 음은 부드럽다. 즉, 남편은 강직하고 아내는 유순한 것을 말한다.
*陽(볕 양) *剛(굳셀 강) *陰(응달 음) *柔(부드러울 유)

(10) 以柔順爲先(이유순위선) : 유순함을 우선으로 삼다. *順(순할 순)

(11) 謹記其失而改之(근기기실이개지) : 잘못된 점을 잘 기억했다가 그것을 고치다. “謹記”는 “잘 기억하다, 새겨두다”는 말이다. “其失”은 “그 잘못, 그 실수”라는 뜻이다. *謹(삼갈 근)

(12) 幼小子侄之輩(유소자질지배) : 어린 자식과 조카들. “幼小”는 “어린”, “子侄”은 “아들과 조카 또래에 대한 총칭”이다. “輩”는 “무리”를 말한다. *幼(어릴 유) *侄(조카 질) *輩(무리 배)

(13) 宜憐愛而親恤之(의련애이친휼지) : 마땅히 어여삐 여기고 사랑하며 친히 잘 보살펴야 한다. "憐愛"는 "매우 사랑하다, 매우 귀여워하다, 애지중지하다"는 뜻이고, "親恤"은 "친히 돌보다"는 뜻이다. *憐(불쌍히 여길 련) *恤(구휼할 휼)

(14) 妯娌姑嫂之間(축리고수지간) : 동서와 시누이와 올케들 사이. "妯娌"는 "동서"를 말하고, "姑嫂"는 "시누이와 올케를 아울러 가리키는 말"이다. *妯(동서 축) *娌(동서 리) *姑(시어미 고) *嫂(형수 수)

(15) 旣在至親(기재지친) : 이미 지친인 이상. "旣"는 "이미, 이왕 이렇게 된 바에야", "至親"은 "관계가 가장 가까운 친척"을 말한다.

(16) 如我之不幸(여아지불행) : 나의 불행과 같다.

(17) 彰聞于外(창문우외) : 밖에 드러내 들리게 하다. *彰(밝을 창)

(18) 自揚其家醜(자양기가추) : 그 집안의 추한 것을 스스로 드러내다.

2

東隣西舍[(1)]에 禮數週全[(2)]하여 往來에 動問[(3)]하며 款曲盤旋[(4)]하여 一茶一水[(5)]로 笑語忻然[(6)]하며 當說則說하고 當行則行하며 閒是閒非[(7)]를 不入我門이니라

동쪽의 이웃이든 서쪽의 집이든 그 어디나 예의를 두루 온전하게

하며, 왕래를 할 때는 서로 안부를 묻고, 어떤 것에나 아주 정답고 친절하게 해야 한다. 차 한 잔과 물 한 잔으로도 즐겁게 미소를 지으며 말하고, 마땅히 할 말이 있으면 하고, 마땅히 행해야 할 일은 행하며, 쓸데없는 시빗거리는 자기집 문안에 들여놓지 말아야 한다.

❑ 왕상 주

至于隣舍에 密邇親近(8)하고 不可失其和睦이니라 若有隣家女眷(9)往來면 動問寒溫(10)하고 詢其款曲(11)하여 禮數週全이니라 茶水奉敬하고 言笑歡忻(12)하여 不失其禮니라 事當可說則言하고 不可談非禮之事니라 情當可往則往(13)하고 不可入非禮之家니라 隣家是非長短은 我不預其事(14)하고 不泄其言(15)이면 則是非過咎(16)不及于我矣니라

이웃집하고는 가깝고 친근하게 지내면서 화목함을 잃어서는 안 된다. 만약에 이웃집 여자 식구들과 왕래를 하게 되면 날씨가 차다 따뜻하다 안부를 묻고, 정답고 친절하게 상의를 하면서 예의를 두루 온전하게 해야 한다. 차를 마셔도 삼가 공경하는 마음으로 하고, 기쁘게 미소로 이야기를 하면서 예의를 잃어서는 안 된다. 일 중에 해도

될 말이면 하되 예의에 어긋나는 일은 말하지 말아야 한다. 정이 통하여 그 집에 가도 좋겠다고 생각이 되면 가되, 예의에 어긋난 집에는 들어가지 말아야 한다. 이웃집의 시비곡직과 장단점에 대해서는 그 일에 간여하지 않으며 그 말을 누설하지 않으면 그 시비와 허물이 내 자신에게 미치지 않게 될 것이다.

* * * * *

(1) 東隣西舍(동린서사) : 동쪽의 이웃과 서쪽의 집. 즉, 이쪽 저쪽의 이웃을 가리킨다. *隣(이웃 린) *舍(집 사)

(2) 禮數週全(례수주전) : 예의를 두루 온전하게 하다. "禮數"는 "예의와 예절", "週全"은 "두루 온전하다"는 뜻이다. *週(돌 주)

(3) 動問(동문) : "動問"은 "인사말로 삼가 여쭈다, 잠깐 여쭈어 보다"는 뜻이다.

(4) 款曲盤旋(관곡반선) : 정성스럽게 대접하는 것을 원만하게 하다. "款曲"은 "정성스럽게 접대하다, 정중하게 대접하다"는 뜻이고, "盤旋"은 "빙빙 돌듯이 원만하게 하다"는 뜻이다.
*款(정성 관) *曲(굽을 곡) *盤(소반 반) *旋(돌 선)

(5) 一茶一水(일차일수) : 한 잔의 차와 한 잔의 물.

(6) 笑語忻然(소어흔연) : 웃는 소리와 함께 즐거워하다. "笑語"는 "웃으며 하는 말", "忻然"은 "즐겁게, 기쁘게"라는 뜻이다.
*忻(기뻐할 흔)

(7) 閒是閒非(한시한비) : 사사로운 시빗거리, 혹은 쓸데없는 시빗거리.

(8) 密邇親近(밀이친근) : 가깝고 친근하다. "密邇"는 "아주 가까운 것"을 말하고, "親近"은 "아주 친한 것"을 말한다.
*密(빽빽할 밀) *邇(가까울 이)

(9) 隣家女眷(린가여권) : 이웃집 여자 식구. "隣家"는 "이웃", "女眷"은

"여성 권속, 여자 권솔"을 말한다. *眷(돌아볼 권)

(10) 動問寒溫(동문한온) : 추운지 따뜻한지 물어보다. 즉, 날씨에 대한 인사를 나눈다는 의미다.

(11) 詢其款曲(순기관곡) : 정답고 친절하게 문의를 하다. "詢"은 "묻다, 문의하다"는 뜻이다. *詢(물을 순)

(12) 歡忻(환흔) : 기뻐하다. *歡(기뻐할 환) *忻(기뻐할 흔)

(13) 情當可往則往(정당가왕즉왕) : 정이 있어서 가도 좋겠다 싶으면 가다.

(14) 我不預其事(아불예기사) : 나는 그 일에 간여하지 않다. "預"는 "간여하다"는 의미다. *預(미리 예)

(15) 不泄其言(불설기언) : 그 말을 누설하지 않다. *泄(샐 설)

(16) 是非過咎(시비과구) : 시빗거리와 허물. *咎(허물 구)

3

莫學愚婦의 不問根源[(1)]하고 穢言污語[(2)]로 觸突尊賢[(3)]이니 奉勸女子하나니 量後思前이어다

어리석은 부인이 밑도 끝도 물어보지도 않고 불결한 말과 혼탁한 말로 높고 어진 사람에게 대드는 그런 것은 배우지 말라. 여자들에게 삼가 권하는 바, 뒤도 헤아려 보고 앞도 생각해 보도록 하라.

□ 왕상 주

不賢之婦는 好聽是非하여 一聞人言에 不辨眞僞하고 卽出汚穢之言하여 逞强爭辯[4]하니라 觸犯尊長[5]하고 傷殘至戚[6]하며 毁罵隣里[7]하여 無所不至니라 此等婦人은 皆因少年失敎하여 理義不明하여 故居無好行[8]하고 出無好語[9]하여 敗禮喪德[10]一至于此니 可不戒哉리오

어질지 못한 부인은 시비곡직에 대한 이야기 듣기를 좋아하여 일단 다른 사람이 하는 말을 들으면 그 진위를 분별해보지도 않고 불결한 말을 토해놓으며 아주 능력을 과시하면서 강변(强辯)을 한다. 웃어른에게 대들고 친한 친척에게 상처를 주며 이웃사람들을 헐뜯고 욕하여 저촉이 되지 않는 곳이 없다. 이런 부인들은 모두 어렸을 때 교육을 받지 못하여 이치와 옳은 바를 분명하게 알지 못하기 때문이다. 그래서 집에 있을 때는 좋은 행실을 갖지 못하고, 출가해서는 좋은 말을 할 줄 몰라서, 예의를 망치고 덕행을 상실함이 이 지경까지 이르게 된 것이니, 타이르지 않을 수 있겠는가?

* * * * *

(1) 不問根源(불문근원) : 근원도 묻지 않다. 즉, 어떤 원인으로 인한 것인지는 알아보지도 않는다는 의미다. *根(뿌리 근) *源(근원 원)

(2) 穢言污語(예언오어) : 불결한 말과 혼탁한 말.

*穢(더러울 예) *污(더러울 오)

(3) 觸突尊賢(촉돌존현) : 지위가 높고 어진 사람에게 대들다. "觸突"은 "닿아서 부딪치는 것"을 말하고, "尊賢"은 "학덕이 많고 신분과 지위가 높은 어진 사람을 높여 부르는 말"이다.

*觸(닿을 촉) *突(갑자기 돌) *尊(높을 존) *賢(현명할 현)

(4) 逞强爭辯(령강쟁변) : 과시하고 강변하다. "逞强"은 "자신의 능력이 세다고 드러내어 과시하다"는 말이고, "爭辯"은 "쟁론하고 변론하는 것"을 말한다. *逞(굳셀 령) *辯(말 잘할 변)

(5) 觸犯尊長(촉범존장) : 존경받는 어른들에게 대들다. "觸犯"은 "침범하다, 화나게 하다, 분노를 사게 하다"는 뜻이고, "尊長"은 "존경받는 어른"이다. *犯(범할 범)

(6) 傷殘至戚(상잔지척) : 친한 친척에게 상처를 주다. "傷殘"은 "다쳐서 불구가 되다, 파손되다"는 말이고, "至戚"은 "지친, 육친"을 말한다. *傷(상처 상) *殘(해칠 잔) *戚(겨레 척)

(7) 毁罵隣里(훼매린리) : 이웃을 헐뜯고 욕하다. "毁罵"는 "헐뜯고 욕하는 것"을 말하고, "隣里"는 "이웃"을 말한다.

*毁(헐 훼) *罵(욕할 매)

(8) 居無好行(거무호행) : 집에 있을 때 좋은 행실을 갖지 못하다. "居"는 "출가하기 전 친정에 있을 때"를 말한다. *居(있을 거)

(9) 出無好語(출무호어) : 나가서는 좋은 말을 하지 않다. "出"은 "출가"를 뜻한다.

(10) 敗禮喪德(패례상덕) : 예의를 해치고 덕을 망치다. "敗禮"는 "예도를 해치다", "喪德"은 "덕에 손상을 주다"는 말이다.

*敗(깨뜨릴 패) *喪(죽을 상)

제12장

절개 지키기

守節章

1

古來賢婦가 九烈三貞[1]으로 名標靑史[2]하여 傳到而今할새 後生이 宜學이니 亦匪難行[3]이니라

옛날부터 어진 부인은 구열(九烈)과 삼정(三貞)으로, 그 이름을 청사(靑史)에 남겨 지금까지 전하고 있으니, 후생들은 마땅히 배워야 하나니, 행하기가 어려운 것이 아니다.

❑ 왕상 주

九烈三貞은 解見前篇하라 言古之聖后와 良妃와 賢婦와 烈女는 名字標于靑史之書하고 傳芳聲於千古하니 後生女子는 宜效法而勉行之하나니 亦非高遠難行之事也니라

구열(九烈)과 삼정(三貞)에 대한 풀이는 전편(前篇)을 보라. 옛날에 성스러웠던 왕후, 훌륭한 왕비, 어진 부인, 절개가 굳었던 여자들은 그 이름이 청사(靑史)에 기록 되어 그 아름다운 명성을 영원히 전하고 있으니, 뒤에 태어난 여자들은 마땅히 이러한 예를 본받아 힘써 행

해야 마땅할 것이니, 이는 너무나 높고 멀어 행하기가 힘든 일이 결코 아니다.

* * * * *

(1) 九烈三貞(구열삼정) : 이는 봉건사회 때 부녀의 정렬(貞烈)을 찬양할 때 쓰던 말로, 죽어도 개가를 하지 않고 절개를 잃지 않았던 것을 말한다. 여기서 "九"와 "三"은 구체적인 숫자가 아니라, 극단적으로 강조하기 위한 숫자이다. "烈"은 "절열(節烈)", 즉, "절개가 굳은 것"을 말하고, "貞"은 "정조(貞操)", 즉, "여자의 깨끗하고 곧은 절개"를 말한다. *烈(세찰 렬) *貞(곧을 정)

(2) 名標青史(명표청사) : 이름이 청사에 표기되다. *標(우듬지 표)

(3) 亦匪難行(역비난행) : 역시 행하기 어려운 것이 아니다. "匪"는 "~이 아니다"는 뜻으로 쓰였다. *匪(대상자 비) *難(어려울 난)

2

第一은 守節이오 第二는 淸貞이니 有女在室에 莫出閨庭[1]하며 有客在户어든 莫露聲音이니라

첫째는 절개를 지키는 일이요, 둘째는 맑고 곧음이니, 딸이 집에 있을 때는 규방 앞의 마당을 나가지 않도록 하며, 손님이 집에 있을 때

는 소리를 내지 않도록 해야 한다.

❑ 왕상 주

女子之道에 守節이 爲第一義요 淸貞이 次之니라 淸則氷淸玉潔[2]하여 志行光明[3]하고 貞則栢操松堅[4]하여 歲寒不改[5]니라 有女宜令其處於內室하고 不離閨門[6]이니라 有客則婦女低聲細語하여 不聞於外하니 此正家之至要[7]也니라

여자의 마땅한 도리 중에 절개를 지키는 일이 첫째로 옳은 일이요, 맑고 곧음이 그 다음이다. 맑으면 얼음처럼 맑고 옥처럼 깨끗하여 그 뜻을 행함이 아주 밝다. 곧음은 잣나무처럼 지조가 있고 소나무처럼 견고하여 아무리 날씨가 추워도 변함이 없다. 만일에 딸이 집에 있을 때는 내실에서 머물게 하고 규문을 나서지 못하게 해야 하며, 만약에 손님이 있을 때는 부녀자가 말소리를 낮춰서 밖으로 들리지 않도록 해야 하는데, 이것이 올바른 가정에서 지키는 극히 중요한 요점이다.

* * * * *

(1) 莫出閨庭(막출규정) : 규방 앞의 뜰을 나가지 못하게 하다. "莫出"은 "나가지 못하게 하다", "閨庭"은 "규방 앞의 뜰"을 말한다.
*莫(말 막) *閨(도장방 규) *庭(뜰 정)

(2) 氷清玉潔(빙청옥결) : 얼음처럼 맑고 옥처럼 깨끗하다.
*氷(얼음 빙) *淸(맑을 청) *潔(깨끗할 결)

(3) 志行光明(지행광명) : 그 뜻을 행함이 아주 밝다. "志行"은 "뜻을 행하다"는 말이다.

(4) 栢操松堅(백조송견) : 잣나무처럼 지조가 있고 소나무처럼 견고하다.
*栢(잣나무 백) *操(잡을 조) *松(소나무 송) *堅(굳을 견)

(5) 歲寒不改(세한불개) : 날씨가 추워도 변하지 않다. "歲寒"은 "몹시 추운 한 겨울의 추위를 일컫는 말"이다. *歲(해 세) *寒(찰 한)

(6) 不離閨門(불리규문) : 규문을 떠나지 않다.
*離(떠날 리) *閨(도장방 규)

(7) 正家之至要(정가지지요) : 올바른 가정의 가장 중요한 것. "正家"는 "올바른 정통의 가정"을 말하고, "至要"는 "가장 중요한 것"을 말한다.

3

不談私語하며 不聽淫音하고 黃昏來往에 秉燭掌燈[(1)]이니 暗中出入은 非女之經[(2)]이라 一行有失[(3)]하면 百行無成[(4)]이리라

사사로운 말은 하지 말고 음탕한 소리는 듣지 말며, 황혼녘에 왕래를 할 때는 촛불을 들고 등불을 들어야 한다. 어두운 곳을 출입하는

것은 여자의 올바른 법도가 아니다. 한 번의 행실에서 실수를 하게 되면, 백 번의 행실에 성과가 없게 된다.

❏ 왕상 주

談論之間에 不可言私僻之語[5]요 不可聽淫邪之音[6]以亂惑心志[7]니라 禮에 云 女子夜行以燭하고 無燭則止니라 無燭而暗行[8]으로 恐涉非禮之事[9]而招人謗議[10]也니라 女有百行을 皆要周全[11]이니라 一行有失이면 則爲女德之累而百行不成也니라

이야기를 할 때는 사사롭게 한 쪽으로 치우친 말을 해서는 안 되며, 음탕하고 사악한 소리를 들어 마음을 어지럽히고 미혹시켜서는 안 된다. 예(禮)에서는 여자가 밤길을 걸을 때는 촛불을 들고, 촛불이 없으면 다니는 것을 그쳐야 한다고 했다. 촛불이 없이 어두운 길을 가게 되면 예의에 어긋나는 일을 당하게 되어 다른 사람들의 비방을 초래할지도 모르기 때문이다. 여자는 모든 행실에 두루두루 완벽해야 한다. 한 가지 행실에 실수가 있게 되면 여성으로서의 덕성을 높이 쌓았다 하더라도 훌륭한 백행(百行)을 다 이룰 수가 없다.

* * * * *

(1) 秉燭掌燈(병촉장등) : 촛불을 들고 등불을 들다.
*秉(잡을 병) *燭(촛불 촉) *掌(손바닥 장) *燈(등잔 등)

(2) 非女之經(비녀지경) : 여자의 올바른 법도가 아니다. "經"은 "올바른 법도"를 말한다. *經(경서 경)

(3) 一行有失(일행유실) : 한 번의 행실에서 실수가 있다.

(4) 百行無成(백행무성) : 백 번의 행실에 성과가 없다.

(5) 私僻之語(사벽지어) : 사사로이 한 쪽으로 치우친 말. "私僻"은 "사사롭게 한쪽으로 치우친 것"을 말한다. *僻(후미질 벽)

(6) 淫邪之音(음사지음) : 음란하고 사악한 소리. "淫邪"는 "외설하고 음란하다"는 말이다. *淫(음란할 음) *邪(간사할 사)

(7) 亂惑心志(란혹심지) : 마음을 어지럽히고 미혹시키다. "亂惑"은 "어지럽히고 미혹되게 하다"는 뜻이다. "心志"는 "마음에 품은 뜻"을 말한다. *亂(어지러울 란) *惑(미혹할 혹)

(8) 無燭而暗行(무촉이암행) 촛불이 없이 어두운 곳을 걸어가다.
*暗(어두울 암)

(9) 涉非禮之事(섭비례지사) : 예의에 어긋나는 일을 겪다. "涉"은 "건너다, 겪다"는 뜻이고, "非禮"는 "예가 아닌 것, 예에 벗어나는 것"을 가리킨다. *涉(건널 섭)

(10) 招人謗議(초인방의) : 다른 사람들의 비방을 불러오다. "謗議"는 "비방하는 말"을 가리킨다.
*招(부를 초) *謗(헐뜯을 방) *議(의논할 의)

(11) 皆要周全(개요주전) : 모든 것을 두루두루 완벽하게 해야 한다. "周全"은 "두루두루 완전하다"는 뜻이다.
*皆(모두 개) *要(구할 요) *周(두루 주) *全(온전 전)

4

夫妻가 結髮[(1)]하여 義重千金[(2)]일새 若有不幸하여 中路先傾[(3)]하면 三年重服[(4)]하고 守志堅心[(5)]하여 保家持業[(6)]하며 整頓墳塋[(7)]하며 殷勤訓後[(8)]하면 存歿光榮[(9)]하리라

부부가 결혼을 하여 머리를 묶고 나면 그 의리는 천금보다 중요하게 되는데, 만약에 불행을 당하여 도중에 먼저 남편이 세상을 떠나면 삼 년 상을 치르고, 뜻을 지키고 마음을 굳게 먹어야 한다. 가정을 지키고 할 일을 잘 견지하면서, 산소를 가지런하게 잘 정돈하고 정성으로 후대를 잘 가르치면, 남아 있는 사람이나 죽은 사람이나 모두에게 영광이 될 것이다.

❑ 왕상 주

結髮은 猶總角[(10)]으로 男女少年之時也니라 言結髮夫妻는 恩深義重[(11)]이니라 設有不幸[(12)]으로 夫主身亡[(13)]이면 當痛哭悲傷[(14)]하리나 服喪三年하고 守志終身이니라 保守家業하고 祭掃墳塋하고

殷勤教管子女成人(15)하여 以嗣先人之志(16)면 則存者歿者(17)皆有光榮矣니라

결발(結髮)이란 머리카락을 뿔처럼 두 가닥으로 묶는 것인데, 남자나 여자가 어렸을 때 이렇게 한다. 여기서는 결발로써 부부가 되면 은혜가 깊어지고 의리가 귀중하게 된다는 것을 말하고 있다. 혹시 불행하게 남편이 세상을 떠나면 마땅히 통곡과 함께 마음이 슬프고 아프겠지만, 삼 년 상을 치르고 종신토록 자기의 뜻을 지켜야 한다. 가업을 잘 지키고 산소에 제사 지내는 일이나 청소를 깨끗이 하며, 정성으로 자녀들을 성인(成人)으로 잘 가르치고 보살펴 선인(先人)의 뜻을 이어가게 하면 산 자나 죽은 자 모두에게 영광이 될 것이다.

* * * * *

(1) 結髮(결발) : 머리카락을 묶다. *髮(터럭 발)

(2) 義重千金(의중천금) : 의리가 천금만큼이나 중요하다. "義"는 "부부간에 마땅히 지켜야 할 도의"를 말한다. *義(옳을 의)

(3) 中路先傾(중로선경) : 길을 가던 중간에서 먼저 기울다. 즉, 살다가 중간에 죽게 된다는 의미다. "中路"는 원래 "내왕하는 길의 중간"을 뜻하는 말이지만, 여기서는 "살아가던 중간에"란 뜻이다. "先傾"은 "먼저 세상을 떠나다"는 의미다. *傾(기울 경)

(4) 三年重服(삼년중복) : 삼 년 상을 치르다.

(5) 守志堅心(수지견심) : 뜻과 마음을 굳게 지키다. "守志"는 "뜻을 지키다", "堅心"은 "마음을 굳게 먹다"는 뜻이다.
*守(지킬 수) *堅(굳을 견)

(6) 保家持業(보가지업) : 가정을 지키고 할 일을 견지하다. "保家"는 "집을 잘 보전하다"는 뜻이고, "持業"은 "일을 잘 유지하다"는 뜻이다. *保(지킬 보) *持(가질 지) *業(일 업)

(7) 整頓墳塋(정돈분영) : 산소를 가지런하게 잘 정돈하다. "整頓"은 "가지런히 바로 잡는다"는 뜻이고, "墳塋"은 "무덤"을 말한다.
*整(가지런할 정) *頓(조아릴 돈) *墳(무덤 분) *塋(무덤 영)

(8) 殷勤訓後(은근훈후) : 정성으로 후대를 잘 가르치다. "殷勤"은 "정성스럽다"는 뜻이고, "訓後"는 "후대 사람을 훈계하여 잘 가르치다"는 뜻이다. *殷(성할 은) *勤(부지런할 근) *訓(가르칠 훈)

(9) 存歿光榮(존몰광영) : 남은 자와 죽은 자가 영광스럽다. "存歿"은 "살아 있는 자와 죽은 자"를 말하며, "光榮"은 "영광스럽다"는 말이다. *歿(죽을 몰) *榮(번영할 영)

(10) 猶總角(유총각) : 총각과 같다. "總角"이란 "옛날에 머리를 양쪽으로 갈라 빗어 올려 귀 뒤에서 두 가닥으로 뿔 같이 묶어 맨 어린아이들의 머리 모양에서 유래한 것"이다.
*猶(오히려 유) *總(거느릴 총) *角(뿔 각)

(11) 恩深義重(은심의중) : 은혜는 깊고 의리는 귀중하다.
*恩(은혜 은) *深(깊을 심) *義(옳을 의)

(12) 設有不幸(설유불행) : 혹시 불행이 있으면. "設有"는 "혹시 ~함이 있다면"이라는 뜻이다. *設(베풀 설)

(13) 夫主身亡(부주신망) : 남편이 죽다. "夫主"는 "남편", "身亡"은 "몸이 죽게 되는 것"을 말한다.

(14) 痛哭悲傷(통곡비상) : 통곡하며 슬퍼하다. "痛哭"은 "소리를 내어 우는 것"을 말하고, "悲傷"은 "슬퍼하는 것"을 말한다.
*痛(아플 통) *哭(울 곡) *悲(슬플 비) *傷(상처 상)

(15) 殷勤教管子女成人(은근교관자녀성인) : 정성을 다 하여 자녀가 성인이 되도록 가르치고 보살피다. *管(대롱 관)

(16) 嗣先人之志(사선인지지) : 선인의 뜻을 이어가다. "嗣"는 "이어가다"는 뜻이다. *嗣(이을 사)

(17) 存者歿者(존자몰자) : 산자와 죽은 자.

5

此篇論語는 內範儀刑[(1)]이니 後人이 依此하면 女德이 昭明하리니 幼年切記[(2)]하여 不可朦朧이니라 若依此言하면 享福無窮하리라

이 ≪논어(論語)≫는 집안의 모범적인 의표(儀表)로, 후대 사람들이 이것에 따라 행하면 여인의 덕이 크게 빛날 것이니, 어릴 때 단단히 잘 기억을 해야지 흐리멍덩하게 해서는 안 될 것이다. 만약에 이 말을 따르면 복을 끝없이 누리게 될 것이다.

❑ 왕상 주

此는 終結全書之義니라 言我作此女論語十二篇은 實乃內範姆教[(3)]之儀刑이니라 凡爲女子는 當比而儀之則而刑之也니라 若能依此而行면 則女

子之德이 昭明彰著[4]하여 不亦賢乎아 幼年之女가 當熟讀此書하고 體而行之[5]면 則終身爲賢女와 孝婦와 貞妻와 慈母矣니라 其享受福祿하리니 豈有窮盡哉[6]리오

이 말은 마지막으로 책 전체의 뜻을 정리한 것이다. 자신이 지은 ≪여논어(女論語)≫ 12편은 곧 집안의 모범적인 어머니가 가르쳐주는 의표(儀表)라고 말하고 있다. 무릇 여자 된 사람은 비교를 해 가면서 이것을 본받게 되면 이대로 될 것이다. 만약에 이대로 행하면 여자의 덕성이 밝게 드러나서 또한 현명하게 되지 않겠는가? 나이 어린 여아(女兒)가 이 책을 자세하게 읽고 실제로 행하게 되면 평생토록 어진 여자와 효성 지극한 며느리, 절조 있는 아내와 자상한 어머니가 되어 타고난 복과 나라의 녹봉을 누리게 될 것이니, 어찌 끝남이 있겠는가?

* * * * *

(1) 內範儀刑(내범의형) : 부녀자의 규범과 본보기. "內範"은 "부녀자들의 법도", "儀刑"은 "본보기, 모범"을 뜻한다.
*範(법 범) *儀(옳을 의) *刑(형벌 형)

(2) 幼年切記(유년절기) : 어려서 잘 기억하다. "幼年"은 "어린 시절", "切記"는 "단단히 기억하다"는 말이다. *切(끊을 절) *記(기록할 기)

(3) 姆敎(모교) : 여스승의 가르침. *姆(여스승 모)

(4) 昭明彰著(소명창저) : 밝게 드러나다.

*昭(밝을 소) *彰(밝을 창) *著(분명할 저)

(5) 體而行之(체이행지) : 몸소 행하다.

(6) 豈有窮盡哉(기유궁진재) : 어찌 끝남이 있겠는가? "豈有"는 "어찌 ~ 함이 있겠는가", "窮盡"은 "끝이 나다"는 뜻이다.

*豈(어찌 기) *窮(다할 궁) *盡(다할 진) *哉(어조사 재)

찾아보기

* 여기에 수록된 찾아보기 내용은《여논어》의 〈서전(序傳)〉과 본문만을 대상으로 하였다.

[ㄱ]

[ㄴ]

[ㄷ]

[ㄹ]

[ㅁ]

[ㅂ]

[ㅅ]

[ㅇ]

[ㅈ]

역주
한상덕(韓相德)

경상대학교 중어중문학과 졸업. (문학사)
성균관대학교 대학원 중어중문학과 졸업. (문학석사)
중국 예술연구원 화극연구소 방문학자.
중국 무한대학 대학원 중어중문학과 졸업. (문학박사)
중국 호북사범학원 중어중문학과 강사 역임.
중국 호북대학 중어중문학과 교수 역임.
현재 경상대학교 중어중문학과 교수.
현재 경상대학교 인문학연구소 연구원.
현재 중국 청도대학 겸임 교수.

논문 〈조우 삼부곡 연구〉 외 20여 편
역서 ≪중국 현대희극사≫ 외 20여 권
저서 ≪한문으로 풀어보는 세상사 이야기≫ 외 20여 권

王相 注 完譯
女論語

초판 1쇄 발행 _ 2011년 12월 31일

역 주 • 한상덕
발 행 인 • 정현걸
발 행 • 신아사
인 쇄 • 예지인쇄
출판등록 • 1956년 1월 5일 (제9-52호)
주 소 • 서울특별시 은평구 녹번동 28-36번지 2F
전 화 • 02)382-6411 · 팩스 02)382-6401
홈페이지 • www.shinasa.co.kr
E-MAIL • shinasa@chol.com

ISBN 978-89-8396-756-5(03820)

정가 *12,000*원